PRAISE FOR THE FUNNEL APPROACH

"Stefans TED Talk 'Disrupting Conventional Speech' is one of our most substancial Speeches."
Rishab Gourisaria, Head of TEDxFS

"I appreciate Stefan's approach as one of the most substantial in the entire executive consulting sphere."
Lutz Schüler, CEO Virgin Media Liberty Global

"Stefan's approach of 'reversing the pyramid' instantly dials up the impact of communications."
Philipp Justus, Vice President Central Europe, Google

"Strategy Consultants use pyramids for pitch decks, but from now on they will be reversed ones for speeches."
Stefan Gross-Selbeck, CEO, BCG Group Digital Ventures

"Stefan is a first-class professional who offers a rare combination of truly original insights. Every book by Stefan is an eye-opener. Strongly recommended."
Joseph Bikart, Bestselling Author of "The Art of Decision Making"

"Do you find there is something artificial and unsatisfying about the Pyramid Principle? Well, now there is a proven alternative. Wachtel provides a convincing case for, and a comprehensive description of, the Reversed Pyramid approach."
Richard Newton, Best Selling Author of "The Management Consultant"

"Stefan's Reversed Pyramid is well proven as a coaching approach."
Sarah McDonnell, designated CEO,
The Leading Coaches of the World ®

LOB DER TRICHTER METHODE

„Mit der Trichter-Methode macht es mehr Spaß zu präsentieren – und sicher auch zuzuhören.“
Bernhard Brugger, CEO Payback Group

„Gute Berater überzeugen durch Inhalt in Geschichten. Gute Geschichten funktionieren als Trichter. Beginnend mit großer Flughöhe und am Ende auf dem Punkt.“
Markus Pertl, Chairman Stern Stewart Institute

„Gerade Zahlenmenschen brauchen diese Pointierungs-Methode.“
Rubi Khanduri, Vice President Barclays Bank

„Wer einmal mit Stefan Wachtel zusammengearbeitet hat, wird nie wieder langweilig präsentieren.“
Oliver Santen, Kommunikationschef Bankenverband

„Nicht nur der Anfang und das Ende dieses Buches sind überzeugend, sondern S.W. hat mich auch davon überzeugt, dass es bei einer Rede auf das A und Z ankommt.“
Prof. Dr. Daniela Elsner, Executive Coach und Autorin

„Stefan Wachtel gilt als Methodiker und Top-Experte für Auftritte.“
PR Report

„Stefan Wachtel ist ein Regisseur des Managerauftritts.“
ChangeX

„Stefan Wachtel ist Deutschlands angesehenster Rhetoriktrainer.“
Berliner Rundfunk

„Stefan Wachtel versteht sich als Inhaltscoach."
FAZ

PROTOTYP!
noch nicht auf Fehler
durchgesehen!

Stefan Wachtel

PYRAMIDEN UND TRICHTER

50 WEGE, JEDEN INHALT ZU STRUKTURIEREN

executive modus press

ISBN 978-3-9824646-0-2

Bibliografische Information der Deutschen Nationalbibliothek: Diese Publikation ist in der Deutschen Nationalbibliografie abrufbar:
http://dnb.d-nb.de

Layout und Cover: © Jelgavas Tipografija, Latvia
Grafiken: Jelgavas Tipografija, Latvia
Druck: Jelgavas Tipografija, Latvia

Originalausgabe: The Book of Funnels. 50 Ways to Structure any Content (short);
©2022 Dr. Stefan Wachtel, Reversed Pyramid (full) ©2021 Dr. Stefan Wachtel

executive modus press, Frankfurt am Main

INHALT

VORWORT VON JAN JOSEF LIEFERS

Der Prototyp der getrichterten Rede ist der Witz. Hinten sticht die Biene! Hinten ist die Ente fett! Das Beste kommt zum Schluss! Der Zielsatz ist entscheidend.

Ich erinnere mich an die Zeit in der untergegangenen DDR, kurz nachdem der Liedermacher Wolf Biermann nach Westdeutschland ausgewiesen wurde. Da gab es einen Witz, der ging so: Ein Polizist kontrolliert den Ausweis und sagt: „Bürger, weisen Sie sich aus!“ Darauf der Mann: „Was?? Kann man das jetzt schon selber machen?“

Für normale DDR-Bürger war es damals unmöglich, in den Westen zu gelangen. Sie wurden nicht ausgewiesen, obwohl sie es gern erlebt hätten. Der Doppelsinn von „sich ausweisen“ ergab den Zielsatz. Ein Trichter.

Abgesehen davon, dass dieser Witz nur in der DDR gut funktionierte und heute niemanden mehr hinter dem Ofen hervor lockt, konnte man ihn auch damals schon vermasseln. In unserem Bekanntenkreis gab es einen, der begeistert Witze erzählte, aber jedes Mal kläglich scheiterte. Und diesen Witz erzählte er so: „Ein Polizist kontrolliert einen Mann und sagt: „Bürger, zeigen Sie ihren Ausweis!“ Darauf der Mann: „Was?? Kann man das jetzt schon selber machen?“ Keiner lachte.

Warum auch. Alle warteten auf die Pointe, dabei war die schon vorbei. Der Zielsatz war komplett falsch eingefädelt. Was dem Mann fehlte, war nicht Humor oder guter Wille, sondern dieses Buch.

Jan Josef Liefers
Berlin, im Mai 2022

DIE KRAFT DER DREIECKE

Es gibt kaum etwas Sinnfälligeres als das Dreieck; es ist der Design-Klassiker schlechthin, sagt Kevin Duncan. Ansteigen sinken, auf und ab, alles, was sich bewegt, jeder Wechsel von einer Qualität – spitz – in einer andere – breit lässt sich als Dreieck symbolisieren. Und umgekehrt.

In Rede-, Antwort- und Schreibtechnik sind Pyramiden en vogue. In Chartfolgen und im Inneren von Slides erst recht. Leider geht es zu oft in langweiligen Rechtecken zu, mit assoziierenden Kreisen und aufgebaut in sachlichen Pyramiden. Deshalb heißt mein Anliegen seit einem Vierteljahrhundert Rhetoriktraining so wie kürzlich mein TED Talk: „Disrupt the Conventional Speech!"

Wo abgeholt werden muss, sind Trichter exzellente Modelle für Strukturen. Wo pointiert werden soll, erst recht. Dreh die Pyramide herum, von Verkündigung zu Kommunikation! Spätestens seit meinem Buch „Reversed Pyramid" – dt. „Das Zielsatz Prinzip" – steht der Trichter für jede Wirkungsabsicht. Er ist die Bauform des Überzeugens schlechthin. Dieses Buch ist eine Art Arbeitsbuch zu diesem Zielsatz-Prinzip.

Als Executive Coach und Redner bringe ich Spitzenmanager und – wenige! – Politiker in den „Executive Modus" (3. Aufl. 2021). In diesen Rollen ist die umgekehrte Pyramide gefragt.

Deshalb ist für mich der Trichter dominant. Gegenüber allen anderen Stukturen. Und deshalb heißt dieser praktische Pocket Guide „Das Buch der Trichter".

Stefan Wachtel
Frankfurt am Main, im Juli 2022

TEIL EINS:

Das Zielsatz Prinzip

1 DIE RAHMENWIRKUNG DER TRICHTERFORM

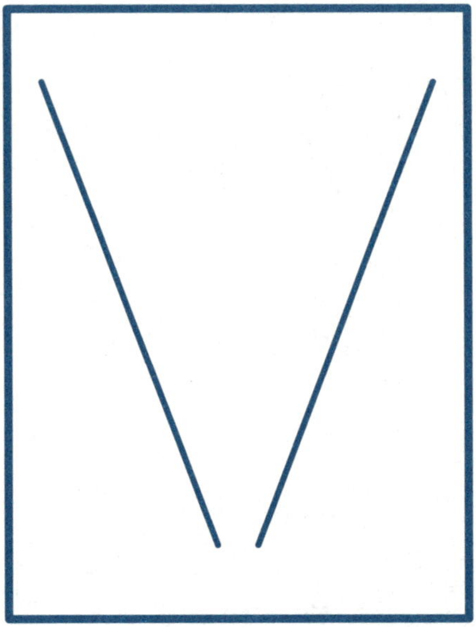

Jeder Rahmen gibt Erklärungskraft. Was in einen Rahmen gesetzt wird, gewinnt Legitimation. Ein solches Framing gibt Argumenten und Äußerungen einen Bezug zum Bekannten. Was in einem Trichter dargestellt wird, erhält eine höhere Wirkungschance.

Trichter zur sprachlichen Pointierung sind universal. In der Sprechwissenschaft oder in der Journalistik etwa; im Kommentar, der auf eine Meinung hin zunächst begründet und dann zuspitzt. Und in Hellmut Geissners viel plagiiertem 5-Satz-Prinzip etwa. In neuerer Zeit wird der Trichter als Gegenmodell zur Informationspyramide der Nachrichten und

Berater-Slidedecks verwendet; spätestens seit dem Buch „Das Zielsatz Prinzip“ oder „Reversed Pyramid“ (2021).

Wer überzeugen will, muss die Pyramide herum drehen.* Die Ingredienzen des Zielsatz Prinzips sind: Zugang zu Hörern oder Lesern (access), Flughöhe der Argumente (Altitude) zu Anfang, dann etwas meat, und sodann ein Zielsatz (Punch). Mit diesem Bild vor Augen kann man pointieren.

TRICHTER

Access
Altitude
Meat
Punch

2 DIE BOX

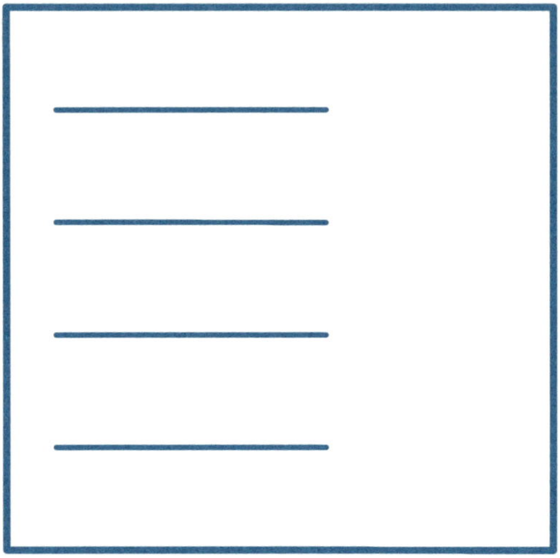

Dieses Buch beginnt mit einem Trichter, der keiner ist. Ich habe es als Executive Coach mit dem Vorbereitung von Reden, Antworten und Texten zu tun. Die meisten Klienten kommen aus Experten- Biografien; sie mussten, bis sie Executives wurden, Fakten aufzählen. Sie reden und schreiben in Kästen, ohne abholenden oder originellen Beginn, ohne pointiertes Ende.

Prototyp des Kommunizierens in Kästen ist der Ingenieur. Und wer in deutschsprachiger Kultur erzogen wurde, neigt zusätzlich zur Box. Es geht also nicht nur um Rede- oder Schreibstruktur. Hinter Strukturen, die

Box ist nur eines der eher negativen Beispiele, wirkt das Mindset des Experten. Allerdings: Für pure Information ist die Box perfekt.

Der Kasten als Bauprinzip steht symbolisch für unsere tägliche Sachverhaltsdarstellung, für Aufzählungen, Beschreibungen und Textcharts. Hinter der Kasten-Struktur steht oft ein Kasten-Mindset: Die Wirkung der Kasten-Kommunikation ist langweilen.

VORTEIL

Information mit Chance auf Vollständigkeit

NACHTEIL

Ohne Rhetorische Wirkungsabsicht

3 DER KREISEL

Kreativität entsteht in Assoziationen; immer mehr Äste, immer mehr Ausflüge. Dieses Vorgehen ist zur Inhaltsfindung hervorragend geeignet: Von einem Kern in der Mitte aus werden Äste assoziiert. Der professionalisierte Kreisel ist das Mind Map.

Im Kreis reden und schreiben wir, wenn wir keinen Plan haben. Der Preis ist hoch: Verwirrung oder Langatmigkeit: Im Kreis Geredetes, Geantwortetes oder Geschriebenes wirkt länger als es tatsächlich ist. Das Assoziative ist das Gegenteil des rhetorisch Wirksamen.

Assoziationen haben keine lineare Struktur, sie können nichts kommunizieren. Sie holen nicht ab. Vor allem haben sie kein Ziel; sie pointieren nicht. Was sich im Kreis dreht, findet kein Ende. Was kein Ende findet, verdichtet nicht auf eine Aussage; der Zielsatz fehlt.

Wir sollten nicht versuchen, nach Mind Maps zu reden. Anders gesagt: Was in Waldorfschulen gewünscht ist, geht nicht mehr beim Reden und Schreiben.

PRINZIP

Durch Assoziation handeln wir ohne Plan – wie beim Aufräumen. Wir beschäftigen uns mit dem, was uns über den Weg läuft. Immer mehr Aspekte, die in den Äußerungen nicht mehr gebündelt werden. Das Ziel aufgeräumte Wohnung ist nicht effizient in der geplanten Zeit erreichbar.

4 SITUATION COMPLICATION SOLUTION

Strategieberater schlugen für ihre Analyse eine Drei-Schritt-Technik vor. Sie ist eigentlich nicht mehr eine zur Sachverhaltsbehandlung und zielt schon auf das Kommunizieren der Arbeit. Die Ausgangslage, wie sie sich für Sprecher oder Hörer darstellt (situation), die Entfaltung (complication) und die Empfehlung (solution).

In einer Präsentation kann das so aussehen: Zunächst der Ist-Zustand, dann drei Möglichkeiten mit ihren Varianten, und schließlich eine Berechnung oder ein Zeitplan.

Situation – Complication – Solution, diese drei Schritte bauen noch nicht ganz eine auf den Punkt komprimierte Struktur, aber schon eine rhetorische. Diese einfache Struktur ist noch nicht wirklich pointiert, nicht jede „Solution" ist gleich ein Punch:

BEISPIEL

Situation:
Autos zu besitzen bindet Kapital

Complication:
Autos stehen meist, und
Digitalisierung bietet Chancen

Solution:
Car Sharing

5 DIE KETTE

Was dem assozierenden Swirl, dem Mind Map fehlt, hat die einfachste Struktur im Übermaß. Linearität. Es ist der Anfang jedes Verstehens, oft sogar Voraussetzung, dass linear aufgebaut wird.

Die Kette enthält aber keine spezielle Hörer- Leser-Abholung und kennt keine Pointierung. Oft ist es Chronologie oder Aufzählung ohne jede Wirkungsabsicht.

Es sollte kein Schritt fehlen; in Texten und Konzepten also nicht zu viel löschen. Schritt für Schritt vorgehen, das ist für Redekonzepte noch wichtiger als für Lesetexte: Beim „Schreiben fürs Hören“ ist es die erste Regel.

Diese Simplizität der Kette gibt uns genug Platz für ein Beispiel:

BEISPIEL

… Wir kamen zum verabredeten Zeitpunkt an. Dann nahmen wir eine Erfrischung.

Wir beschlossen, erst am nächsten Tag zu beginnen.

Einige von uns waren ziemlich müde.

Lars hatte sein Smartphone vergessen …

6 VOM KASTEN ZUM TRICHTER

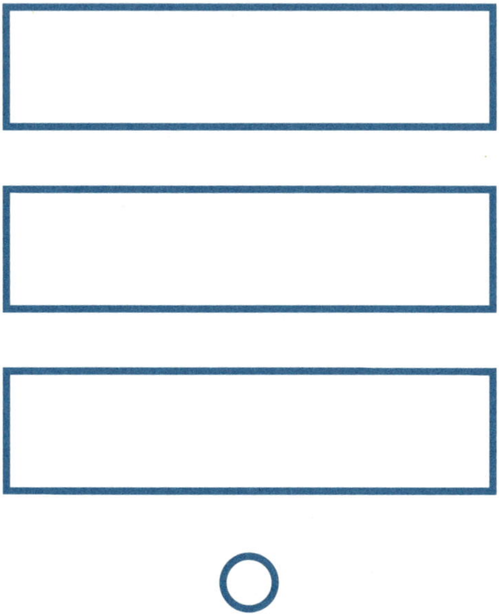

Was wir als Box planen, entwickelt sich weiter, oft während des Redens und Schreibens. Wir setzen im Idealfall einen Punkt drauf. Wenn der passt, bringt er die Äußerung – und uns – in eine neue Qualität. Erst dieses letzte Element holt aus dem Kasten Wirkung heraus.

Bloße Aufzählung der Box genügt nicht. Das wissen die, deren Geschäft überzeugen oder Überreden sind. Obama, sicher oder Donald Trumps tweets etwa sind – nach einem Kasten aus teils hanebüchenen Inhalten –

am Ende mit einem Punkt versehen – „Bad for Amerika“, „Horrible Guy“.

Auch die Text-Bild Kommunikation geht vom Kasten weg – indem sie aus kastenartigen Charts Trichter macht: indem der Zielsatz am Ende kommt, wo er bisher auf dem Chart als action title oben steht. Ob Rede, Antwort, Text oder Chart: Der eine Punkt macht den Unterschied. Wo er fehlt, fehlt Wirkung.

ÜBUNG

Vorstellung der Quartalszahlen des CFO

Unsere Unternehmensentwicklung ist im Vergleich zum Vorjahr rückläufig.

Die Exporte sind eingebrochen.

Unser Neuprodukt bringt nicht die gewünschte Aufmerksamkeit.

Formuliere daraus Herleitungen und Pointierungen

Wir müssen 100 Mitarbeiter entlassen.

Wir investieren in eine große Marketing-Kampagne.

7 VOM MATERIAL ZUM ZIELSATZ

SAMMELN

↓

AUSWÄHLEN

↓

LENKEN / LEITEN

↓

ZUSPITZEN

PAUSIEREN

Sammeln erschwert Struktur. In der Fülle des Materials ist nie Struktur, man muss sie herstellen. Zu Anfang ist das schwer, schon weil das Akkumulieren von Material im Weg steht.

Erst die Auswahl bietet die Chance der Strukturierung. Spätestens dann muss Richtung in die Sache kommen. Es muss einen Plan geben, beim Überzeugen ist er existenziell.

Zielsatz-Findung braucht einen Kreativitätsprozess, am besten solide, mit etwas Zeit. Manchmal ist er nur Sekunden lang: Wohin will ich?

In eine Richtung lenken können ist Erfolgsfaktor. Jedes überzeugende Sprachmodul sollte abgeschlossen werden. Die Zuspitzung steht am Ende eines wirkungsvollen Moduls. Und nach jedem Modul bräuchte es eine Pause.

PRINZIP

Der Zielsatz ist Dein Diamant, umgeben von anderem Material. Durch die Fülle an Informationen schlägst Du Dich vor bis zum Rohdiamanten. Den schleifst Du in einem zielgerichteten Veredelungsprozess.
Dein Endprodukt ist im Idealfall ein funkelnder Zielsatz.

8 SPRECHEN/SCHREIBEN VS. PLANEN

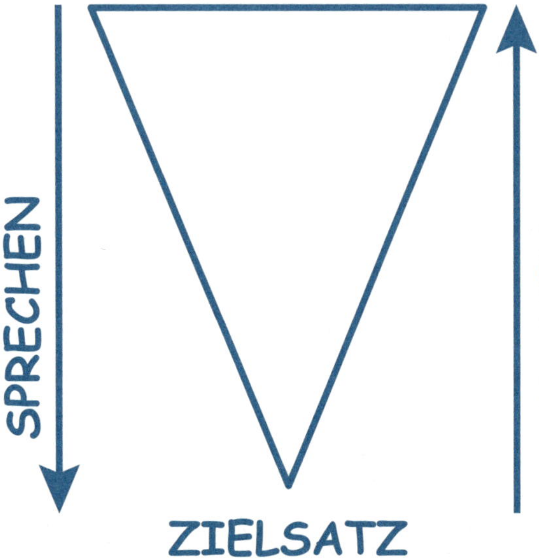

Für jede Äußerung können wir uns eine Zeitachse vorstellen, von oben nach unten. In ihr sprechen und schreiben wir vom Anfang zum Ende. Während des Redens und Schreibens kommt das Ziel, manchmal aber auch nicht. Einen guten Zielsatz findet man ad hoc eher nicht. Deshalb die Überlegung: Sollten wir auch so planen- in der Schreib-Richtung?

Ist der Zielsatz bekannt, entsteht sehr leicht ein Trichter. Also sollte er schon bekannt sein zu Beginn der Produktion. Um Sprech- und Schreibprobleme zu vermeiden, ist es richtig, erst das Ziel zu formulieren und dann alles weitere. Damit der Zielsatz nicht beliebig ist, sollte er vorher geplant sein, begründete Hellmut Geissner.

Gutes Reden und Schreiben ist also wie jedes erfolgreiche Business: Zunächst definiert man das Ziel, danach lassen sich die Schritte suchen, die darauf hinführen. Gesprochen wird wieder umgekehrt.

STRUKTUR

Planung

1. Zielsatz
2. Stützen/Argumente
3. Einstiegssatz

Sprechen/Schreiben

1. Einstiegssatz
2. Stützen/Argumente
3. Zielsatz

9 DER TRICHTER MACHT KURZSÄTZIG

SCHRIFTLICH: HYPOTAKTISCH

MÜNDLICH: PARATAKTISCH

Vieles, was wir schreiben oder sprechen, gerät uns zu langsätzig. Herkömmliches Schreiben wird oft kompliziert, ebenso ein Sprechen, das nach grammatischer Vollständigkeit und Korrektheit strebt. Rede und Text enden immer dann in der Breite, wenn wir kein pointiertes Ende vor Augen haben.

Wer dagegen den Zielsatz kennt, weiß, wohin sie oder er will. Den Endpunkt vor Augen zu haben hilft dabei, kürzere Sätze zu produzieren. Auf einen Punkt hin zu kommunizieren zwingt dazu, sich kurz zu fassen. Im Verlauf eines Rede- oder Schreibtrichters werden Relativsätze erfahrungsgemäß seltener. Der kurze Hauptsatz wird dann zur Regel.

So wird Gesprochenes mündlich. Sogar die Schreibe wird mündlicher mit absehbarem Zielpunkt.

BEISPIEL

Das hat sie nun davon.
19 Jahre hat sie alles gemacht.
Für Ihren Mann, für die Tochter.
Jetzt ist sie sauer,
aber richtig.

10 VOM ALLGEMEINEN ZUM BESONDEREN

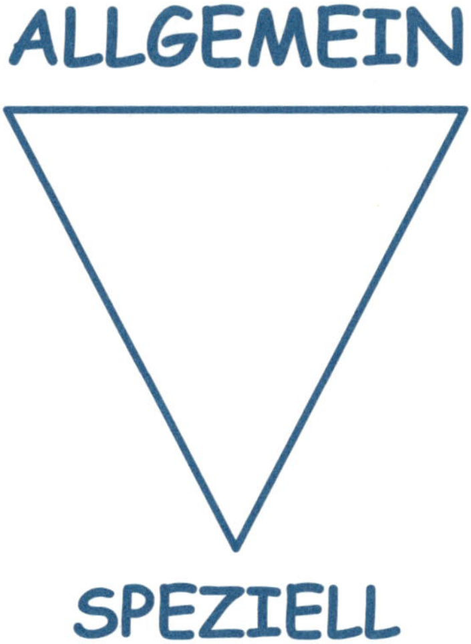

Während bloßes Informieren die Nennung und allenfalls weitere Erläuterung benutzt, braucht Überzeugen immer auch Herleitung.

Das Allgemeine eignet sich wie nichts auf der Welt so sehr dafür. Was immer gilt, tausend Jahre Altes, göttliche und universale Regeln, alles, was Flughöhe verschafft, aus der heraus wir später auf die spezielle Aussage kommen können. Damit sollten wir beginnen, wenn wir sprechen oder schreiben.

„Allgemein beginnen" – Dem im Englischen so existenziellen „Common Ground" entspricht der deutsche „Gemeinplatz". Und der ist in deutscher Kultur besonders verdächtig. Bitter nötig ist er trotzdem. Wer „common" beginnt, kann gut kommunizieren.

Hinter allen Common Ground Anfängen steht das Zielsatz Prinzip: Bevor das Spezielle kommuniziert wird, wird es aus dem Allgemeinen hergeleitet. Was „man" gemeinhin macht, ist der beste Beginn, dann Kommt das, wovon überzeugt werden soll.

BEISPIEL

Wir brauchen Nährstoffe, um zu überleben. Du bist, was du isst. Gönn deinem Körper Vitamine und Mineralien. Fülle Deine Reserven wieder auf. Mit unseren Shakes für jeden Geschmack.

11 VOM BEKANNTEN ZUM NEUEN

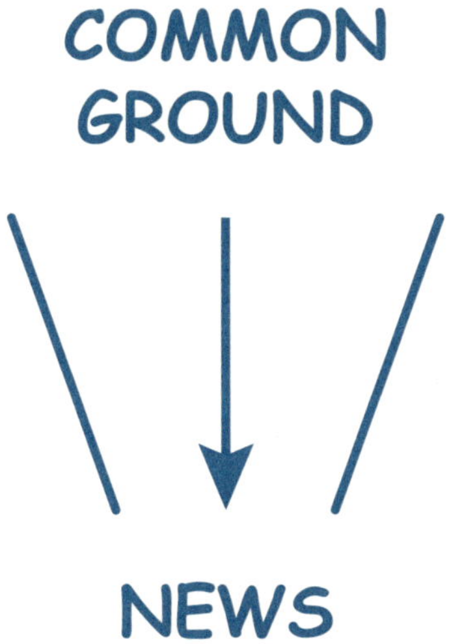

Was Menschen kennen, darauf sprechen sie an. Was Menschen nicht kennen, muss erst hergeleitet werden.

Steve Jobs sagte: „As everybody knows: Apple makes the best notebooks on the planet, the macbook and the MacBook Pro. Today we´re introducing a third kind of Notebook – the MacBook Air."

„Wie wir alle wissen“, ein alter Topos, der todsicher wirkt. Was bekannt ist, überspringt die Vertrauensbarriere zu Beginn jeder Äußerung. Regeln, Werte, alte Mythen, Märchen, Sprichwörter, Bauernweisheiten, das Bekannte schafft einen Rahmen, ein gemeinsames Dach.

Alles Bekannte stützt die Rahmenwirkung der Trichterform. Alles Nicht-Neue bettet ein. Erst dadurch wird oft das erst überzeugend, was mitgeteilt werden soll.

BEISPIEL

Well, today we're introducing three revolutionary products of this class. The first one is a widescreen iPod with touch controls. The second is a revolutionary mobile phone. And the third is a breakthrough internet communications device. [. . .] And we are calling it iPhone.

Steve Jobs

12 VOM FREMDEN ZUM EIGENEN

DAS FREMDE

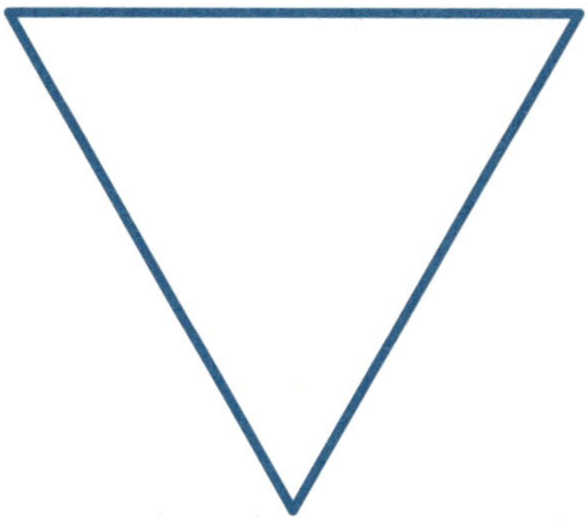

DAS EIGENE

Wir wollen unseren Standpunkt sagen, aber gleich zu Beginn damit heraus zu kommen ist selten überzeugend. Erst wenn das Fremde, das andere angesprochen ist, klappt das so richtig. Wer kommunizieren, miteinander reden ernst nimmt, beginnt mit dem Anderen.

Die rhetorische Brücke – etwa in professionelle Antworten – liefert Beispiele: „Das sieht im ersten Moment so aus, Das hätte ich auch gedacht, ich kann jeden verstehen, der es so sieht.“ Alle Gedanken, Meinungen, Vorwissen oder noch besser Gefühle des Anderen sind geeignet. Wer das anspricht, hat halb gewonnen.

Vom Fremden zum Eigenen, das ist auch das Prinzip jedes Textes, der schrittweise von etwas überzeugen will. Z. B. vor 2350 Jahren schon.

BEISPIEL

Ihr habt es gehört.
Ich habe gesprochen.
Ihr kennt die Fakten.
Trefft Eure Entscheidung!

Aristoteles

TEIL **ZWEI:**

Trichter des Lebens

13 INHALTSPYRAMIDEN UND REDETRICHTER

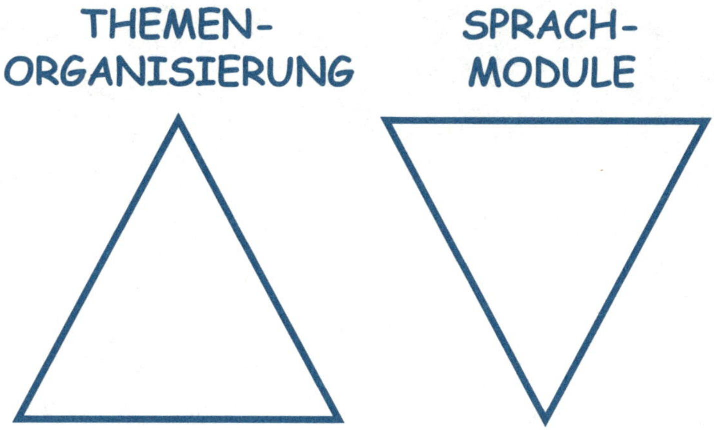

Wer Reden oder Texte schreibt, muss als Beginn Inhalte organisieren. Nach dem „Zielsatz Prinzip“ sollte man dazu Themen definieren, die nach Bedeutung angeordnet werden, das Wichtigste oben.

Noch wichtiger sind solche Themen-Pyramiden, wenn es um die gesamte Kommunikation einer Company oder eines ihrer Repräsentanten geht. Ihre eigene Themen-Welt können Sie so optimieren.

In diese Themen-Pyramide, werden sodann Rede oder Antwort Trichter eingebaut. Ein solches Themensetting (TMS) enthält: Themen, darunter die Module, meist Trichter, und gute Zielsätzen am Ende – Soundbites.

Damit ist eines möglich, was hergebrachtes Redenschreiben und Schreiben nicht leisten kann, das ja oft situativ Texte und Stichwortkonzepte für konkrete Anlasse kreiert. Im Gegenteil dazu ist es mit Themen – Pyramiden möglich, skalierbar vorzugehen. Denn es muss oft dasselbe geredet oder geschrieben oder visualisiert werden. Economies of Scale!

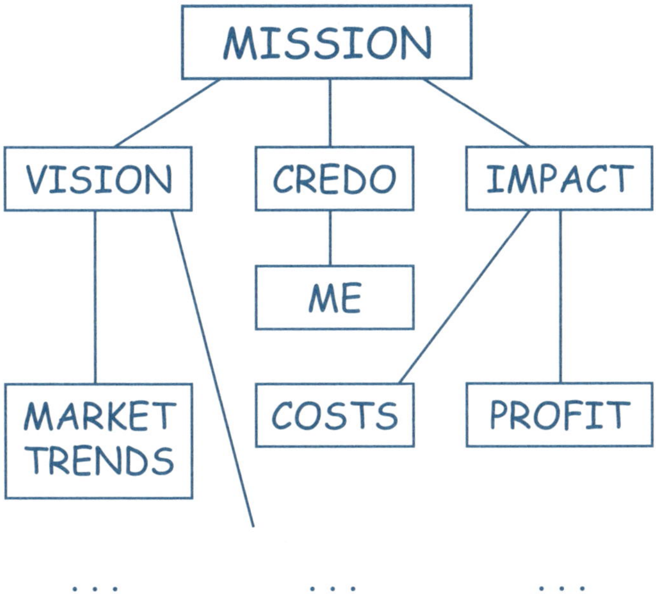

14 DER NÜRNBERGER TRICHTER

METHODISCH PROFESSIONELL

Der Nürnberger Trichter ist ein didaktisches Prinzip. Sein Urheber war Georg Philipp Harsdörffer mit seinem Buch „Poetischer Trichter". Das Werk hatte eine enorme Verbreitung, offenbar deshalb wurde der Nürnberger Trichter eine gängige Redewendung. Aber das ist ein Klischee.

Der Autor entwickelte im Jahr 1647 schlicht das Gegenteil dessen, was die Wendung heute sagen will. Es geht nicht um Druckbetankung für Unbedarfte, mechanisches Eintrichtern gibt es in diesem Konzept gerade nicht.

Dieses Buch wie auch die Trichtermetapher sind im Gegenteil ein einziges Plädoyer für Lehr- und Lernbarkeit. Der Trichter war eine Metapher für den sorgsamen Umgang mit Ressourcen: Wein wird durch Trichter so in Flaschen und Fässer gefüllt, „dass alle Tropfen davon zu Nutzen kommen“. Der Nürnberger Trichter steht für Wirkung in jeder Handlung oder Kommunikation.

COLLECTION

↓

VALIDATION

↓

DECISION

15 DER WEIBLICHE TRICHTER

Wie wir denken und wie wir kommunizieren, ist Ergebnis unserer Erziehung. Welche Muster und Strukturen wir dabei benutzen, hängt vom Geschlecht ab: Männer und Frauen benutzen offenbar verschiedene Strukturen beim Reden und Schreiben.

Das Wesen weiblicher Kommunikation ist Feedback, zu Gemeinsamkeit auffordern, die anderen herein holen. Weibliche Kommunikation scheint das Paradefeld des Überzeugungstrichters zu sein. Vom Anderen zu den eigenen Thesen. Der typisch weibliche Trichter nimmt Hörer und Leser mit und führt später auf einen Punkt hin; schrittweise Zustimmung ist seine Voraussetzung. Ein induktives Prinzip, und oft aus Beispielen Aussagen entwickelt.

In den 1970er-Jahren wurden an der Universität Halle-Wittenberg Studien zur Sprechwirkung durchgeführt, mit der Frage: Wie argumentieren Männer und Frauen? Und wirklich, die Ergebnisse waren kaum anders als zu erwarten: Geisteswissenschaftler und Frauen reagieren eher auf induktive Argumentation. Das Bottom-up-Prinzip scheint weiblich zu sein.

GRUNDFRAGE

Was möchte mein Gegenüber?
Was sind seine Bedürfnisse?
Wo könnte es zu Konflikten kommen?
Was kann ich dagegen tun?
Sei zuvorkommend.
Nimm Dein Gegenüber mit.

16 DAS EISBERG MODELL

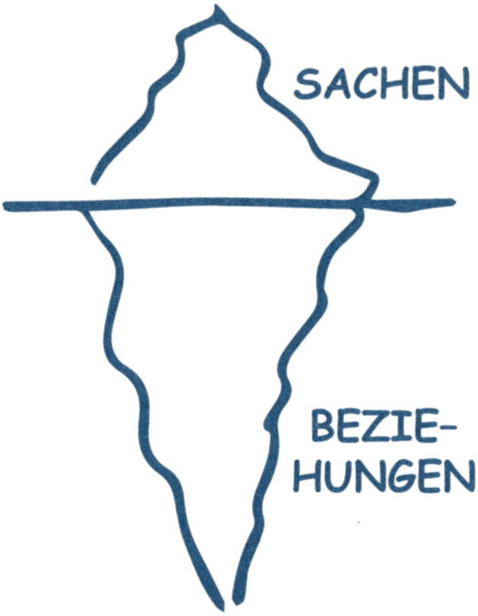

Das Eisbergmodell nach Ruch/Zimbardo zeigt oben die bewussten Anteile unserer Persönlichkeit. Darunter sind die unbewussten Anteile. Danach liegen die weitaus größeren Anteile unserer Motive im Dunklen. Das ist der unbewusste oder vorbewusste Bereich. Diese verborgenen Anteile sind zwar der analytischen Bearbeitung zugänglich, jedoch nur in quasi-psychotherapeutischer Bemühung, kaum im täglichen Handeln.

Dieser umgekehrte Trichter wird gelegentlich Freud zugeschrieben, der hat das Modell nie so genannt; gleichwohl ist der Gedanke von ihm. Auch Paul Watzlawick hat es lediglich adaptiert. Seine auf die Kommunikation übertragene Theorie nennt den oben sichtbaren Bereich die Sachebene und das unsichtbare Feld darunter die Beziehungsebene. Störungen unten schlagen auf die sichtbare Ebene durch.

Das Zahlenverhältnis 10 Prozent der Oberfläche zu 90 Prozent der verborgenen Unterseite ist zunehmend der 20:80-Anschauung gewichen. Eine empirische Begründung des Eisberg-Modells gibt es nicht.

BEISPIEL

Jemand ruft an, der sich schon länger nicht gemeldet hat. Kurzer Smalltalk, dann die Frage: „Hilfst du mir beim Umzug?"
Sie sind vor den Kopf gestoßen, fühlen sich ausgenutzt. Sie oder er hätte tiefer unter der Wasseroberfläche tauchen sollen, bevor er sein Anliegen unterbreitet.

17 DIE ALTERNATIVEN-VERENGUNG

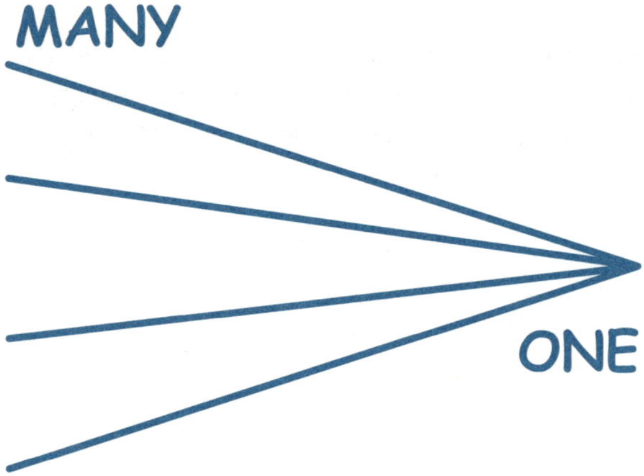

Wer sich einem Problem zum ersten Mal nähert, sieht viele Wege, aber schon bald ist ihre Zahl eingeschränkt. Irgendwann werden alle Argumente für eine Lösung inkrementell, es bleibt immer weniger. Dann ist Entscheidung gefragt. Allerdings macht es oft blind, wo viel bedacht werden muss.

Gerade das müsste des Feld professioneller Beratung sein. Mit einem Verengungs-Trichter lässt sich von einer Strategie oder von ihr überzeugen; Kevin Duncan nannte das den abnehmenden Keil: Man kann den vorgeblich sauberen Prozess illustrieren.

Bis zur Mitte gibt es noch genügend Möglichkeiten. Später wird es enger. Am Ende bleibt natürlich nur die Empfehlung. Der abnehmende Keil suggeriert Logik, wo keine ist; der Sales Trichter ist so ein Beispiel (vgl. S. 94). Überzeugend ist das nicht, überredend eher. Oft ist es Manipulation.

BEISPIEL

In guten Restaurants gibt es einige wenige Gerichte, die sehr gut schmecken. Die solltest Du suchen. Die suggestive Empfehlung des Kellners lässt sofort entscheiden.

18 DER KREATIVE PROZESS

Kreativ sein heißt suchen in möglichst vielen Ecken. Immanent ist diesem Prozess eines: Focus, damit die Ecken weniger werden. In den 1920er-Jahren postulierte Graham Wallas vier Schritte jeder Kreativität:

1. Eine Situation klären
2. Ideen entwickeln
3. Lösungen entwickeln
4. Lösungen umsetzen.

Schon unser Alltag sagt uns; Soll etwas raus kommen, müssen Schritte etwa so orchestriert sein. Der Akt ist das Ziel.

Allesamt sind es Trichter, etwa das Creative Problem Solving Model des International Center for Studies in Creativity, und auch das Design Thinking Model von IDEO, das in Stanford geboren wurde, alle haben eines gemeinsam. Neben allem Assoziieren (vgl. S. 16) werden Wege auf ein Ziel hin verengt. Das ist auch so im Systematic Creative Thinking Process von Florian Rustler und Creaffective, von dem diese Grafik stammt.

PRINZIP

Innovativ sein heißt ausprobieren: Denken Sie an Kinder, die spielen. Mit dem verfügbaren Material wird gebaut. Was nicht funktioniert, wird verworfen. Trial & Error.

19 KONVERGENTES DENKEN

Kreativitätshandwerker unterscheiden zwischen divergentem Denken – Entwicklung von Optionen – und konvergentem Denken. Divergentes Denken kommt immer zuerst. Sein Zweck sind Alternativen, das Generieren und Ausloten von Optionen. Danach ist Focus gefragt, entwickeln auf einen Punkt hin.

Das darauffolgende konvergente Denken ist deshalb entscheidend für jeden Kreativitätserfolg. Hier werden Verknüpfungen nach einem gemeinsamen Ziel hergestellt. Florian Rustler beschreibt das in seinem

Buch als Suche nach dem Positiven. Alternativen bewegen sich so aufeinander zu. Neben diesem Punkt 1 sind weitere Imperative: 2 bewusst handeln, 3 Neuigkeitswert bedenken, 4 Ideen verbessern wollen. Aber No. 5 ist entscheidend: Das Ziel im Blick haben. Kreativität ist am Ende utilitaristisch: Alle kreativen Ideen müssen nützen.

SCHRITTE

1 Positives suchen.
2 Bewusst handeln.
3 Neuigkeitswert bedenken.
4 Ideen verbessern wollen.
5 Das Ziel im Blick haben.

20 DER SEX TRICHTER

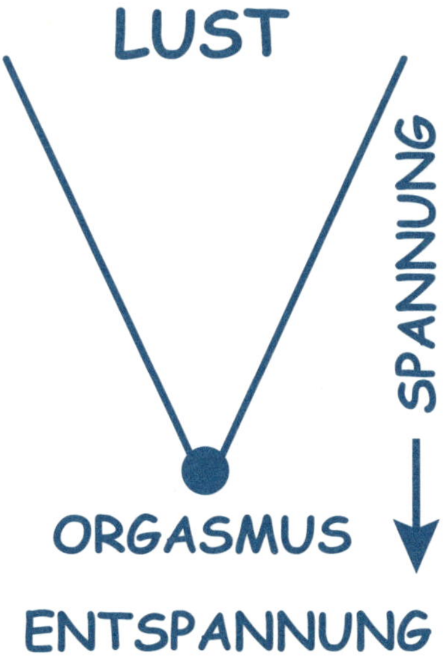

Alles, was unsere Welt bewegt, ist am Ende aus Spannung und Entspannung erklärbar; ein Gefüge aus Spannung und deren Auflösung ist Basis letztlich jeder Struktur. Alle Sportarten sind Spannungs-Auflösungs-Systeme; Boxen ist das sinnfälligste: Der Begriff Punchline steht im Englischen auch für den Zielsatz.

Auch Essen und Trinken baut Spannung auf und löst sie. Und jede Pointierung besteht aus plötzlicher Lösung von Spannung. Es braucht Zeit, sie aufzubauen. Danach löst sich die Spannung.

Nicht jeder treibt Sport, nicht jeder schreibt professionell, aber fast jeder hat Sex. Und Sex besteht ausschließlich aus diesem Gefüge aus Spannung und Entspannung. Der Aufbau beginnt breit, aus sehr vielen möglichen Anlässen, alles bleibt offen, und alles später und immer schneller: der Endpunkt des Trichters. Selten ist es einer, meistens zwei nacheinander. Manchmal bleibt er unten offen.

BEISPIEL

Du pustest einen Ballon auf. Das Volumen nimmt zu und das Gummi dehnt sich. Spannung und Druck nehmen zu. Du entwickelst zunehmend Energie. Es kündigt sich fast an, dann knallt es. Die Luft entweicht, das Gummi zieht sich wieder zusammen. Du freust Dich auf den nächsten Geburtstag.

TEIL DREI:

Trichter der Pointierung …

21 DIE SCHWEIGE SPIRALE

Entwicklungen verstärken einander gesetzmäßig, wenn bestimmte Bedingen erfüllt sind. Und immer wenn sie das tun, tun sie das auf einen – oft absehbaren – Punkt hin, auf ein Ziel. Erst sind sie breit und diffus, aber sie werden enger.

Der bekannteste Trichter der Entwicklung ist die Schweige-Spirale der Publizistik-Professorin Ingrid Noelle-Neumann: Unsere Bereitschaft, uns öffentlich zu unserer Meinung zu bekennen, hängt von der Einschätzung der öffentlichen Meinung ab. Widerspricht unsere Meinung der als vorherrschend betrachteten Meinung, entwickeln wir Hemmungen, sie zu äußern. Fühlen wir uns als Teil der Mehrheitsmeinung, schwinden sie. Je mehr Menschen sich der vorher nur behaupteten Mehrheitsmeinung annehmen, desto stärker wird sie es tatsächlich. Wie ein Trichter dreht sich alles auf einen Punkt hin; dieser Zielpunkt des Trichters ist Traum aller Diktatoren.

BEISPIEL

In jedem Krieg grassieren Narrative. Der Irak-Krieg hatte das heimtückischste der vergangenen Jahrzehnte. Putin spielt es nach, aber erreicht es nicht. Der Zielpunkt ist: die Mehrheitsmeinung entspricht den Wünschen der jeweiligen Regierung. Die Opposition schweigt.

22 DER WORTREDUKTIONS-TRICHTER

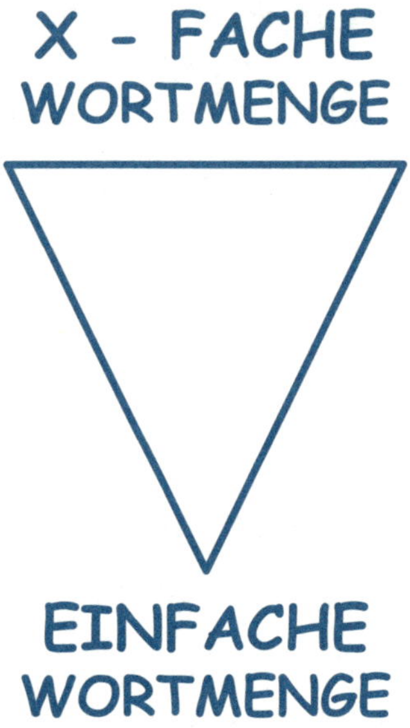

Wer auch nur irgendetwas Komplexeres, Diffizileres oder Wichtiges ausdrücken will, und das ganz frei formuliert, wird im ersten Anlauf kaum kurz und prägnant sein können. Was nicht gut geplant wird, gerät uns wortreich.

Im Rede-Training wird eines ganz klar: nicht nur „eh" und „ehm" sind der Grund für schlechte Formulierung, sie sind nur Symptom. Oft ist es ganz einfach: Zu viele Wörter!

Ob sprechen oder schreiben, es ist immer dasselbe: Ich habe es einmal in einem Workshop mit Redenschreibern zählen lassen: Noch im ersten Versuch, es waren drei, wurden 123 Prozent mehr Wörter als in einer letzten Runde gesprochen und geschrieben.

Ich verwende auch hier das Bild eines Trichters: oben die 223 Prozent Wortmenge, und erst unten die 100 Prozent mit einem fast idealen Verhältnis von Präzision und Redundanz. Nach etwas Übung sprechen und schreiben wir nur wenige Wörter.

ÜBUNG

Streiche alle ausschweifenden Wörter.

Lass die Sätze zunehmend kürzer werden.

Je klarer das Ziel vor Augen steht, desto leichter gelingt das.

23 DER TRICHTER AUS STICHWÖRTERN

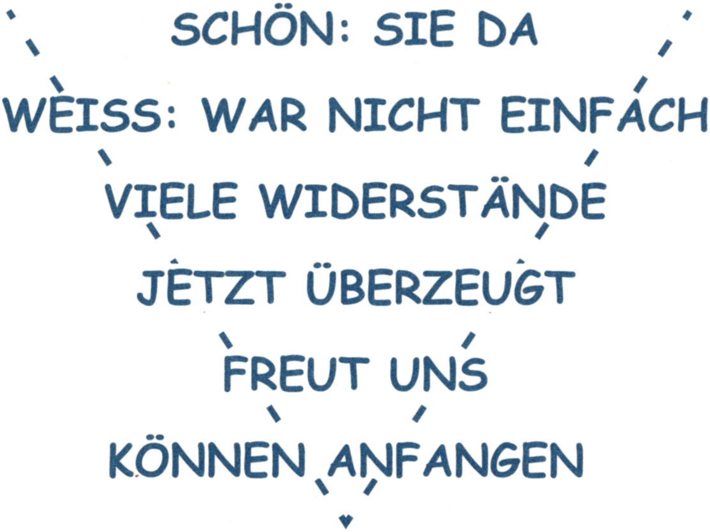

Die Textgrafik entscheidet mit über die Wirkung. Einen Text aus Trichter-Modulen vorzulesen ist einfacher als einen aus herkömmlichen Text-Boxen – Obama oder Biden machen es so; die haben Teleprompter. Für gute Lesetext-Module gilt das auch, sie sehen gedruckt auf den ersten Blick wie langweilige Boxen aus, führen aber auf einen Punkt.

Wichtiger wird die Trichter-Form beim Reden. Und ganz existenziell wird sie beim freien Formulieren nach Stichwörtern.

Die Stichwörter sollten deshalb so anordnet sein, dass sie die Orientierung ans Ende nach dem Zielsatz Prinzip zeigen. Solche Trichter aus Stichwörtern unterstützen zielorientiertes Sprechen.

.....   --   ....

.... / ....

......!

24 DER WIRKUNGSVOLLE SACHBUCH-TEXT

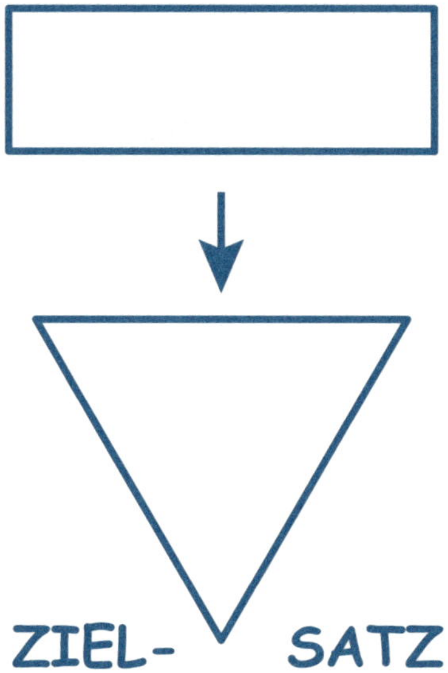

Aufgestellte oder auf die Spitze hin angeordnete Dreiecke sind hilfreich für die Planung von Reden, Antworten und Charts. Aber auch in vielen Schreib-Texten finden sich Pyramiden oder solche, die umgekehrt sind.

Der wirkungsvolle Textabschnitt beginnt wie ein Trichter, oft mit etwas abgewandelt Bekannten. Erst die Story, Bekanntes – Aufleuchtendes, Attraktives, sodann Entfaltung, am Ende Pointierung. Manchmal auch als Raute, mit Unerhörtem oder einer Provokation.

Das lässt sich beobachten im Stil deutscher und amerikanischer populärwissenschaftlicher Autoren. Nassim Nicholas Taleb liest sich sogar in der Übersetzung deshalb mit Genuss. Malcolm Gladwell: Jeder Abschnitt ist pointiert. Wie auch immer der Beginn ist das Ende ist in guten Textabschnitten leicht oder stark pointiert.

BEISPIEL

Die „Sendung mit der Maus“: Durch etwas Bekanntes zu Beginn werden die Zuschauer – sowohl Kinder als auch Erwachsene – auf eine Reise genommen. Danach beginnt die thematische Entfaltung und mündet am Ende des Trichters in eine Pointierung.

25 VOM STATUS ZUM ZIEL

Sachverhaltsschilderungen beginnen oft mit dem Kern. Das Erstrebte, Entwickelte, Neue, das zu Zeigende drängt sich in der Ordnung nach vorn. Erwähnt wird so, was ist, oft erst später: Der Status dient nur der Erläuterung des Weiterentwickelten. Das ist gut bei Informationen.

Wer von etwas überzeugen will, sollte auch das umdrehen – und mit dem Bestehenden beginnen. Common Ground nennt man das weltweit – die wörtliche Übersetzung hat uns übrigens das Wort „Gemeinplatz“ geschenkt. Der gemeinsame Boden gibt Sicherheit zu Beginn.

Das Ungenügen am Status ist Treibstoff aller Entwicklungen, in Technologie und Gesellschaft, in der Kunst und wo immer. Damit beim Reden oder Schreiben zu beginnen ist wirkungsvoller: Es holt ab. Zudem bietet es die Möglichkeit der Dramaturgie: Man kann auf einer Art Trichter auf etwas hin orchestrieren. Ein Aspekt des Zielsatz Prinzipes heißt deshalb: Geh vom Status zum Ziel.

METHODE

Wo sind wir?
Wo wollen wir hin?
Zu Beginn der Reise
holen wir den Zuhörer
am Gemeinplatz ab.
Im sich zuspitzenden
Trichter zeigen wir den
Weg zum Ziel auf.

26 DER ÜBERTREIBUNGS TRICHTER

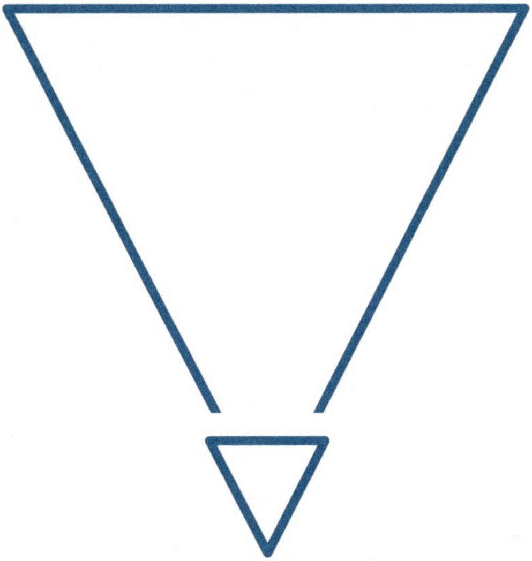

Drastik und Amplifizierung erhöhen die Wirkung in Rede und Schreibe. Und jede weitere Übertreibung kommt am Ende „Und ich sage Ihnen noch eins". Die höchste Übertreibung wird der Zielsatz.

Die Methode: Man setzt auf den Zielsatz noch einen drauf, die Grafik zeigt das. Ketten von Sätzen, die oft immer kürzer werden, werden so auf einen Punkt hin geführt.

Was oft nur inhaltlich wirkt, hat auch ästhetische Wirkung, es lässt den Inhalt leuchten; Rede und Text werden so interessanter. Die Hyperbel ist seit der Antike bekannt. Gottfried Benn: „Hier diese blutet wie aus dreißig Leibern“ Georg Heym schrieb, dass der Krieg „den Mond in der schwarzen Hand“ zerdrücke.

Etwas auf die Spitze zu treiben ist bei sachlichen Menschen freilich nicht beliebt. Was eben noch Polemik war, wird schnell inakzeptabel. Der Gag heiligt eben doch nicht die Mittel.

WARNUNG

Mit Polemik kannst Du den Zielsatz rhetorisch aufladen. Fingerspitzengefühl ist gefragt: Nicht immer entsteht die gewünschte Wirkung, wenn wir noch eins draufsetzen.

27 DIE ALTERNATIV TRICHTER

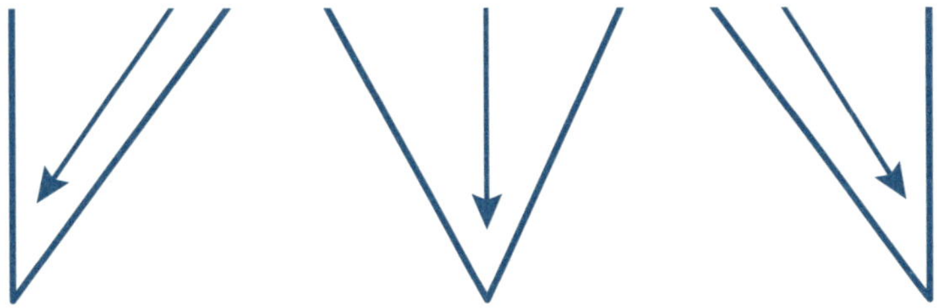

Gute gesprochene oder geschriebene Trichter haben im Prozess meist den Endpunkt vor Augen. Die Aufgabe ist dann: welchen wählen? Das ist Polytelie – zu viele mögliche Zielsätze.

Zum Thema Profit etwa kann der Zielsatz heißen: „Wir halten an der Prognose fest“, aber auch: „Weil Prognosen schwierig sind, nur so viel: Wir wollen den Break Even schaffen.“ Oder: „In den nächsten Wochen werden wir ein genaueres Bild haben“. Oder auch: „Aber Profit ist nicht alles.“

Alle diese Zielsätze können richtig sein, denn im Zielsatz Prinzip gibt es selten den einen richtigen Zielsatz; die Wirkungsabsicht bestimmt, welcher am Ende steht. Wenn aber alle Alternativen wichtig sind, dann sollte man mehrere Trichtermodule reden oder schreiben.

ÜBUNG

Alle Informationen
legen etwas nahe.
Aber das Gegenteil
ebenso:
Notiere sie alle und
formuliere dann
einzelne Trichter.

28 DER FRAGE TRICHTER

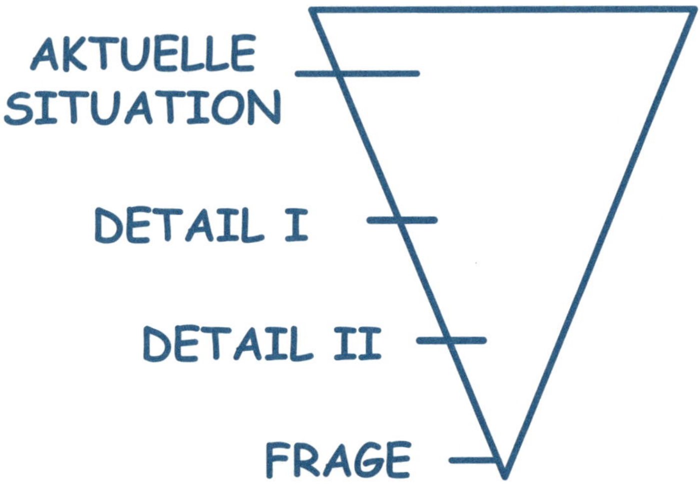

Unsere herkömmliche Fragetechnik stellt erst die Frage und lässt Erläuterungen, Alternativen oder allerlei Weisheiten folgen. Nicht selten wird die Antwort gleich mitgeliefert.

Wir beobachten das in Interviews von Sportjournalisten. „Hätten Sie nicht über die Flügel kommen müssen?“ Sodann: „Müller hatte ja gut vorgelegt. Und über die Flanken ist es bei den Spaniern ja immer besser.“ usw. Die Frage endet stumpf. Das Ergebnis ist oft Protest gegen die vorgebrachten Alternativen und manchmal Verwirrung. Verbreiterte Frage – verbreiterte Antwort.

Besser ist eine Art Balkon. Man beginnt mit dem, was viele kennen, bringt eventuell dann ein Faktum, nicht mehrere, und setzt als Zielsatz die Frage. „Ihre Partei hat 23 Prozent geschafft, so wenig wie noch nie. Was macht Sie trotzdem so frohgemut?"

BEISPIEL

2014 bescherte die Nationalmannschaft allen Fußballbegeisterten eine wunderbare WM. Die Qualität der Spieler ist seitdem gleichgeblieben. Warum kann das Team nicht mehr an diesen Erfolg anknüpfen?

29 DAS ZIELSATZ CHART

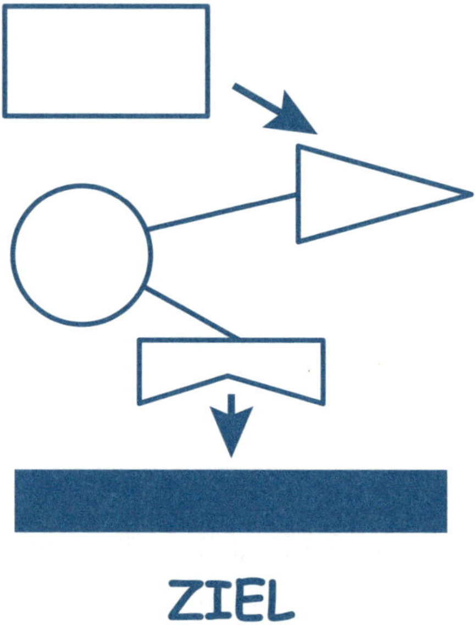

Die beiden Modi des Präsentierens: Jemand redet zu vorbereiteter Visualisierung, Charts oder Tafeln jeder Art. Oder aber jemand hat eine Story und zeigt hin und wieder etwas, zündet eine Kerze an, zeigt ein Bild, eine Tabelle, eine Quelle oder ein Strich auf einer Flipchart. Dazwischen liegen Welten.

Jetzt kommt die Struktur ins Spiel. Der erste Modus ist die Stunde der Pyramiden Charts die allermeisten auf der Welt (vgl. S. 112) Man hat Neuigkeiten – beginnt mit dem action title – und bietet sie dar, gut.

Der andere Modus zielt auf Überzeugen. Das gelingt fast nur mit Trichter-Charts. Gezeigt dazu wird am besten das Slide schrittweise aufgeblättert, synchron zu den Rede-Modulen. Auch für Charts gilt das Zielsatz-Prinzip: Wenn überhaupt, besser nur mündlich ausgesprochen, wird hier der Kern am Ende. Die Take-Away-Botschaft.

ÜBUNG

Wer den Kern im ersten Satz preisgibt – oder im Action Title sagt, informiert.

Aber das überzeugt vielleicht nicht. Spitze Deine Visualisierung schrittweise von oben nach unten zu.

TEIL VIER:

Trichter des Überzeugens

30 INFORMIEREN ODER ÜBERZEUGEN

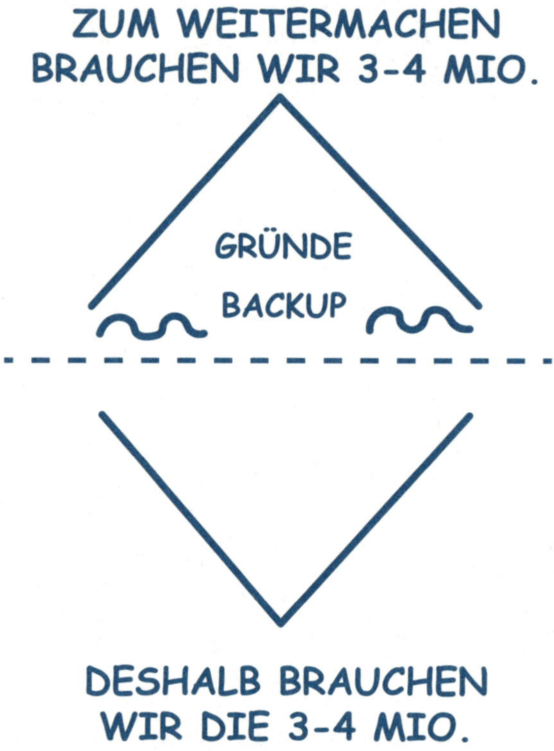

Jede Rede, jede Antwort, jeder Text muss sich eine Frage stellen lassen. Willst Du informieren oder überzeugen? Kaum ein Missverständnis hat mehr Schaden angerichtet als das, beide seien dasselbe. Informieren und überzeugen sind zwei Paar Schuhe.

Informieren baut logisch auf: Eine Aussage wird in Einzelteile zerlegt, sodann vertieft und verbreitert. Das Pitch Deck an den potentiellen Investor ist ein Dreieck: der obere Part der Grafik.

Die mündliche Situation dagegen holt ab und führt auf das, was Ziel sein soll: Der unter Teil der Grafik. Diese Struktur baut psychologisch auf. Aus Hinführung und schrittweiser Zustimmung kann sich die Wirkung ergeben. Der untere Part.

Logik oder Psychologik – Pyramide oder Trichter? Informieren oder überzeugen, beide verlangen verschiedene Dreiecke. Informieren nutzt am besten die Pyramide, überzeugen den Trichter.

31 DIE VIER ELEMENTE DES ÜBERZEUGENS

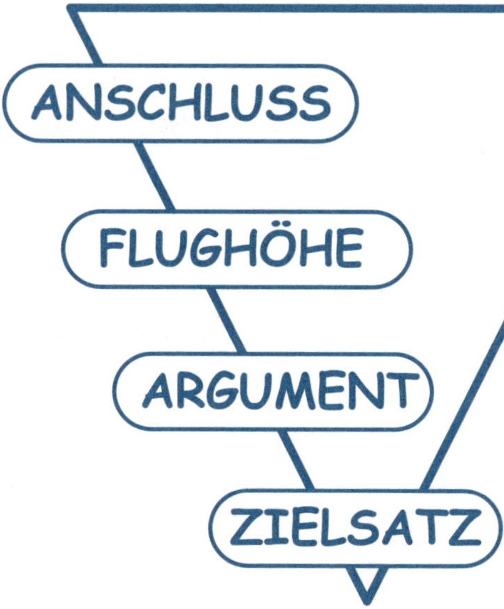

Natürlich gibt es tausende Aspekte wirkungsvoller Kommunikation, aber gesprochen oder geschrieben in einer erprobten Abfolge, da sind es am Ende nur wenige. Jede Rede- oder Schreibstruktur besteht aus solchen konkret genannten Bausteinen. Die des Informierens sind meist sachlich, es sind drei Elemente: Die Sache, die Sache und die Sache. Im Ernst: Die Bausteine des Informierens genügen nicht.

In folgenden vier Schritten haben wir gute Chancen zu überzeugen:

... Zugang zu Hörern oder Lesern (access).

... Relevanz und Wichtigkeit der Argumente,

... Flughöhe (altitude), das sollten wir ebenfalls zu Anfang oder bald darauf geben.

... Sachliches (meat).

... Das Wichtigste ist sicher die Pointierung auf das Überzeugungsziel, implizit oder explizit genannt, auf den Zielsatz (punch).

BEISPIEL

Sie fühlen sich damit nicht
wohl.
Das ist aber die Voraussetzung
Für Ihren Erfolg.
Seit Anfang des Monats warten
Sie auf eine Entscheidung.
Jetzt ziehen Sie selbst die
Reißleine.

32 SERIELLE REDE-TRICHTER

Wirkung zielt auf das Ende. Zum Ende hin anordnen, das bedeutet aber nicht, dass der Punkt erst ganz am Schluss kommen sollte. Eine Rede, ein Text – ein Trichter? Das wäre zu langwierig. Und langweilig.

Alle Untersuchungen sagen es, und unser Alltag sagt es auch: Wenn die einzelnen Einheiten von Rede oder Text verbunden sind, ist Verstehen erschwert. Stehen sie einzeln, wird es leichter.

Kurzweiliges Schreiben und Reden wird deshalb besser in kleineren Einheiten organisiert; in einer Abfolge von Modulen. In Überzeugungsreden sind das mehrheitlich Trichter. Das Prinzip dahinter heißt: Wirkung durch Trennung. Die Inauguration Speech von Obama 2008 zum Beispiel besteht aus etwa 30 Trichtern. Mein TED Talk hat 28. Obama konnte vom Prompter ablesen, ich nicht; die Welt ist voller Ungerechtigkeit.

BEISPIEL

Du hängst an der Kletterwand. Mit jedem Griff hakst Du den Karabiner ein und gehst ein Stück höher. Willst Du sicher ankommen, solltest Du möglichst viele Ankerpunkte setzen. Viele kleine Schritte, die Du auch schaffst.

33 DIE RAUTE

Auch diese Form ist kein Trichter, nur ab ihrem zweiten Teil: eine Art Raute, die spitz beginnt und spitz endet. Erst wird eine Sichtweise dargelegt, sodann wird der Inhalt entfaltet, und am Ende folgt der Kern.

Wenn wir schnell informieren wollen, oder erschrecken oder provozieren, und trotzdem überzeugen, dann ist diese Mischform gut. Das heißt: mit dem Kern zuerst heraus kommen. Wirkung entsteht aber erst durch

Pointierung, im zweiten Teil entsteht dann ein Trichter. Diese Struktur beginnt spitz, wird dann breit und endet schließlich spitz. Meinung – Begründung – Vertiefung – Resümee.

Die Rautenform gilt für Textmodule und Redemodule. In Antworten ist die Raute oft die Methode der Wahl, etwa wenn Frager schnell eine Festlegung erwarten dürfen, dann aber die Chance genutzt wird, breiter zu werden – um am Ende nach dem Zielsatz Prinzip vorzugehen.

BEISPIEL

Sie kürzen das Budget.
Lassen Sie mich erläutern,
was wir mit den eingesparten
Geldern erreichen werden.
Zum einen Investition, zum
anderen Rückstellungen. Beides
setzt unsere Strategie um.

34 DIE SANDUHR

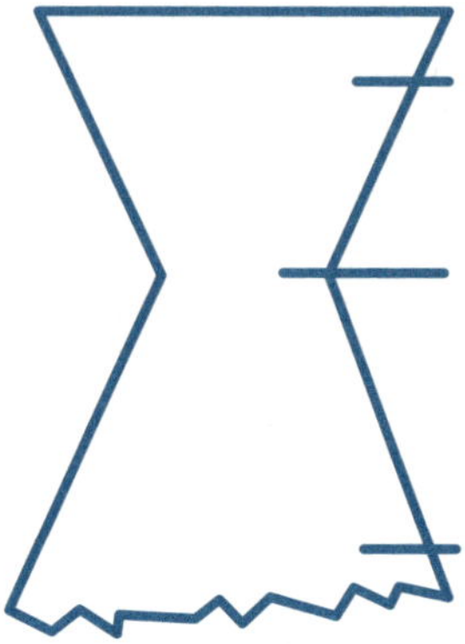

Nach dem Ende geht's weiter. Manches Gesprochene und mancher Text beginnt mit Abholung und aus guter Flughöhe, kommt dann auf den Punkt – und macht wieder auf. Etwa so: Situation – Details Zielsatz – Hintergründe – Weg zum Ziel beschreiben …

Am Anfang breit beginnen, was wirkungsvoll ist – aber am Ende auch? Nach dem Zielsatz weiterreden oder schreiben finden wir häufig in Statements und Texten, aber noch gefährlicher – und noch häufiger – in Antworten. Da wird immer wieder noch einmal nachgelegt, nachdem der Punkt gemacht ist.

Das Prinzip der Sanduhr ist zwar Verengung – aber mit anschließender Verbreiterung; das wird oft wie im Märchen vom süßen Brei. Äußerungen in der Sanduhrform sind häufig wirkungslos. Die Sanduhr ist ein missratener Trichter. Um das vermeiden hilft es, den Zielsatz auf dem Konzept beim Reden zu sehen – und Disziplin.

WARNUNG

Weniger ist mehr. Nach jeder Rede, Antwort oder jedem Textmodul braucht es die Erholung. Jetzt heißt es aushalten. Widerstehe dem Rededrang danach.

35 DIE ARGUMENT ANORDNUNG

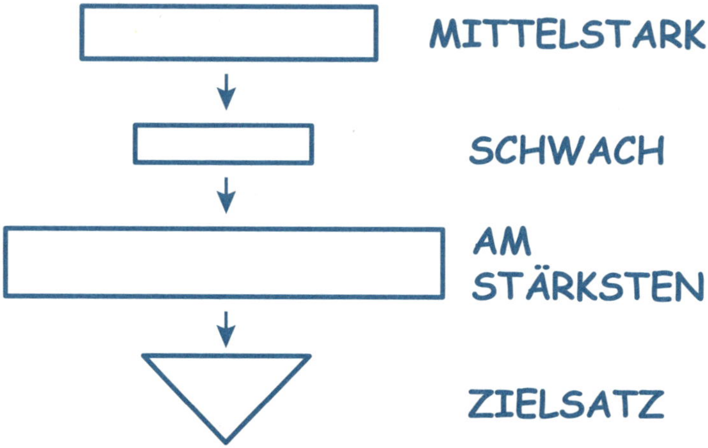

Ein Forscherteam um Carl Ivor Hovland erforschte in den 1950er-Jahren rhetorische Wirkung von Argumenten. Ihr „Yale Attitude Change Approach" sagte: Unsere Einstellungen werden durch die Anordnung der Argumente beeinflusst. Argumente scheinen umso wirkungsvoller zu sein, je weiter die wichtigsten von ihnen ans Ende gesetzt werden. Gleich, welches Argument vorgetragen wird, es wirkt stärker als die vorhergehenden.

Deshalb werden Inhalte oft schon in der Vorbereitung derart angeordnet. Der Yale Primacy Effekt sagt: nicht zu schwach am Beginn – aber der Recency Effect ist für die Überzeugung entscheidend:
... Zuerst ein mittelstarkes Argument
... In der Mitte ein schwächeres Argument
... Am Ende des Stärkste

Nichts neues: Die peroratio der alten Rhetorik am Schluss ist entscheidend. Je später der Abend, die Zugabe, das letzte Wort.

BEISPIEL

E-Autos schneiden bei Crashtests gut ab. (mittelstark)

Die Regierung hat sich für den Wechsel von Verbrennungs- zu Elektromotoren ausgesprochen. (schwach)

E-Autos sind günstiger und schonen die Umwelt. (am stärksten)

36 DER INDUKTIV-TRICHTER

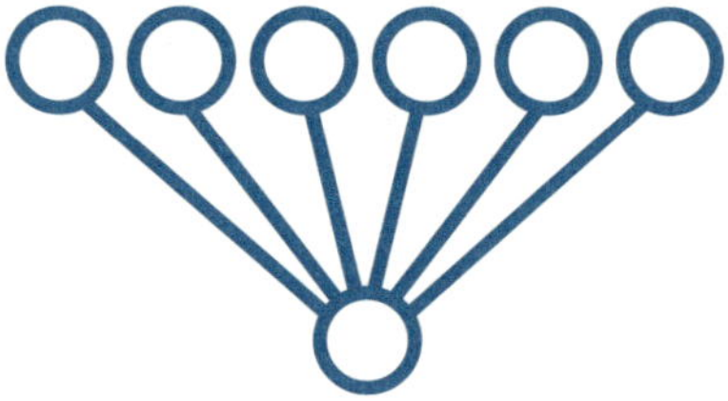

Redestruktur und Schreibstruktur, beide nutzen die Gesetze der Logik. In der Logik unterschiedet man deduktive und induktive Beweisverfahren, beide gewinnen Aussagen aus Vorhandenem. Das induktive Verfahren geht „bottom-up“ vor: Vom Boden nach oben, vom Breiten zum Spitzen. Ein Trichter.

Dieser Boden, aus dem der Inhalt entwickelt wird, das sind oft Erfahrungen, konkrete Einzelfälle. Das kann schief gehen, es gibt die so genannte falsche Induktion: Ich kenne einige Russen, die sich agressiv verhalten haben, also: Russen sind aggressiv.

Professionelle Induktion braucht eine signifikante Basis: Alle Fische die jemals gesehen wurden, schwimmen. Daraus wird legitim: Alle Fische schwimmen – als Zielsatz.

Induktiv-Trichter stellen aus Einzelfällen Gesetze auf. Als kommunikatives Verfahren nimmt induktives „Bottom-up“ mit bis zum Punkt. Induktiv gehen wir vor, wenn der Prozess wichtig ist.

ÜBUNG

Hast Du schon mal bei schlechter Stimmung Dir selbst im Spiegel zugelächelt?
Probier es aus!
Das Ergebnis ist erstaunlich.
Embodiment – der Körper wirkt auf die Stimmung.
Es geht Dir besser.

37 DER FÜNFSATZ

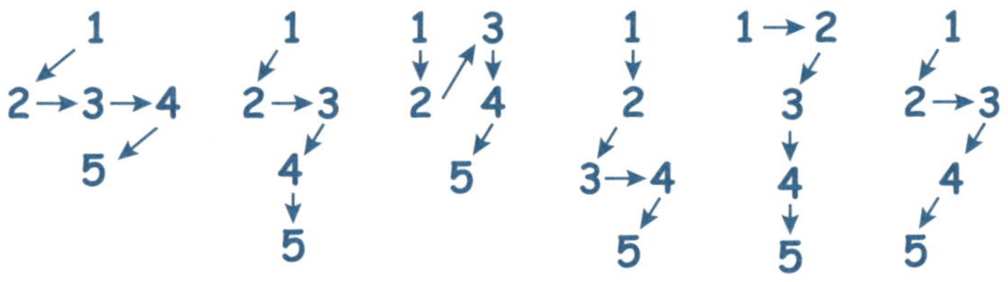

Keine Methode der Redeplanung wird derart oft angewendet. Und keine wird bis heute so oft plagiiert, in jedem zweiten Rhetorikratgeber ohne Quelle.

Die Sprechwissenschaftler Christian Winkler und Erich Drach meinten, beim Reden dem Hörer nicht mehr als fünf zumuten zu sollen. Eine lineare Kette, eine Ausklammerung, eine Dialexe, ein Kompromiss, ein Vergleich … Content-Methoden wie Fünfsatz und Zielsatz Prinzip übrigens sind das Pendant zur inhaltslosen Körpersprache-Rhetorik.

Wer mit dem Fünfsatz übt, schafft Zugang zum Hörer/Abholung – als auch das Formulieren auf einen Punkt, schließlich Vereinfachung des Satzbaus in Rede und auch Schreibe: beide werden mündlich.

Hinter den Fünfsatz-Modellen scheint ein Trichter durch; mein Zielsatz Prinzip ist auch eine Simplifizierung des Fünfsatzes. Die Grafik zeigt die Fünfsatz-Modelle im Original, die mein Doktorvater Hellmut Geissner 1968 vorstellte.

PRINZIP

1 = Einstieg, Access

2 bis 4 = Argumente in unterschiedlicher Gewichtung

5 = Zielsatz

Fünf Elemente. Viele Wege.

38 DER SPIN

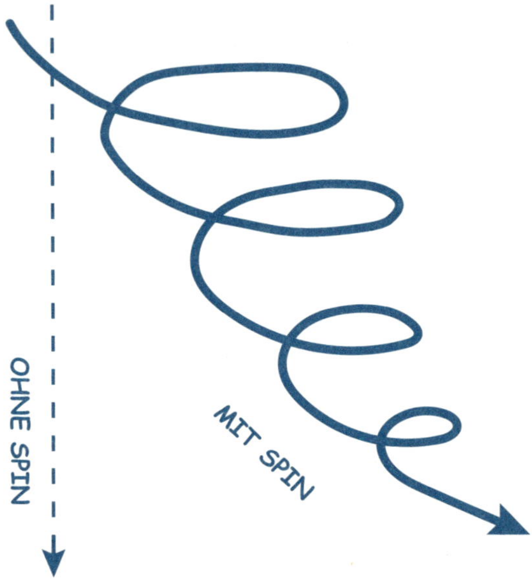

Narrative sind oft deshalb wirkungslos, weil sie auf einen falschen Punkt zielen. Die Richtung bestimmt über den Effekt. Deshalb gibt es Spins: Ein Inhalt wird gedreht, um die Wirkung zu erhöhen. Der Spin ist ein Antrieb, der nicht per se in der Geschichte steckt.

Wir kennen Spins aus der Physik oder als Top-Spin aus dem Tennis. Die gewollte Drehung potenziert die Wirkung.

Ein Spin ist die Änderung der Richtung, die Drehung auf einen wirkungsvollen Punkt sinn. Jedes professionelle Narrativ ist Ergebnis eines Spin-Doktoring. Aus Langweiligem wird Gespanntes, aus Kleinem wird Großes. Spin-Doktoren wissen das: Ein Spin kann Legitimation schaffen. Die begrenzten „Militäroperationen" in Syrien, Libyen, oder Gaza wurden deshalb von späteren Kriegern so gern kopiert.

Fast jeder Inhalt kann durch einen Spin gewinnen. Der Spin ist immer ein Trichter, der den Zielsatz auf einer Seite hat.

SATIRE

In „Thank you for smoking" zeigt Nick Naylor einen ganzen Spielfilm lang, was Spinning ist, und wohin es führt. Er kreiert Spins, die zeigen sollen, dass die Gegner der Tabakindustrie die Bösen seien, während die Tabakindustrie das lange Leben der Kunden will.

39 DER SALES FUNNEL

Der berühmtes Trichter der Welt ist der Sales Funnel. In Marketing und Vertrieb bildet er Prozessphasen ab: Visits, Leads, Qualified Leads, Opportunities und Clients. Im Trichter verändern sich Zahlen: Je qualifizierter und treuer, desto bedeutender sind Kunden und Kaufakte. Ein solcher Sales Funnel beginnt breit: Interessenten finden, sodann Interessenten herausfiltern, die ein Problem gelöst haben wollen. Dann solche, die kaufen. Die untere Spitze sind Kunden oder Abschlüsse.

Der digitale Sales-Trichter ist besonders unbarmherzig. Ob Suchmaschine, Landing Page oder Event: Beim Eintritt in den Trichter werden günstige Produkte angeboten, dann steigt Vertrauen, das wiederum Akzeptanz für immer hochmargigere Produkte erzeugt. Von Interessenten zu Kunden.

Überzeugen – überreden – manipulieren: Der Sales Funnel steht am gefährlichen Ende einer Reihe rhetorischer Wirkung. Statt reflektierten Handelns baut er oft auf Verhalten im Reflex.

REGEL

Wenn Du in einem Sales Funnel steckst, versuche zu entkommen!

TEIL FÜNF:

Pyramiden des Informierens

40 STUMPF ODER SPITZ

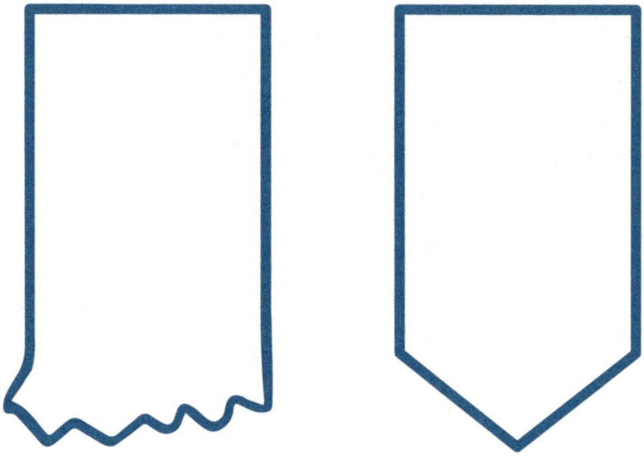

Warum sind Messer möglichst scharf und Hacken möglichst spitz? Mit einem Handballen lässt sich allenfalls Teig zerteilen, Fleisch schon nicht mehr. In der Kommunikation von Sachverhalten ist es genauso.

Stumpf Angeordnetes hat selten Wirkung – außer Langeweile und Flucht. Wirkung dagegen entsteht aus Zuspitzung.

Wir können das sehen bei professionellen Anlässen: Präsentationen vor Kunden, Investoren, Bewerbern. Da ist zu viel Inhalt, der in die Breite geht und stumpf endet – oft bis der Zuhörer abbricht. Was ist die Main Message, wird deshalb gefragt.

Die Kraft des Dreiecks: Dieses Kapitel enthält die stumpfen Pyramiden, die in die Breite gehen. Sie alle zeichnet aus, dass sie möglichst vollständig sein wollen. Deshalb geraten Präsentationen und Lexikonartikel oft so lang: „muss noch rein!“ Du machst Text, Rede und Chart stumpf,

Es gibt viele verschiedene Strukturen, die spitz sind. Alle sind Derivate des Trichters.

LITERATUR

Die Trichter-Begründung:
Stefan Wachtel
Das Zielsatz Prinzip.
Wie Pointierung unsere
Wirkung erhöht.
2020

41 DIE DEDUKTIV PYRAMIDE

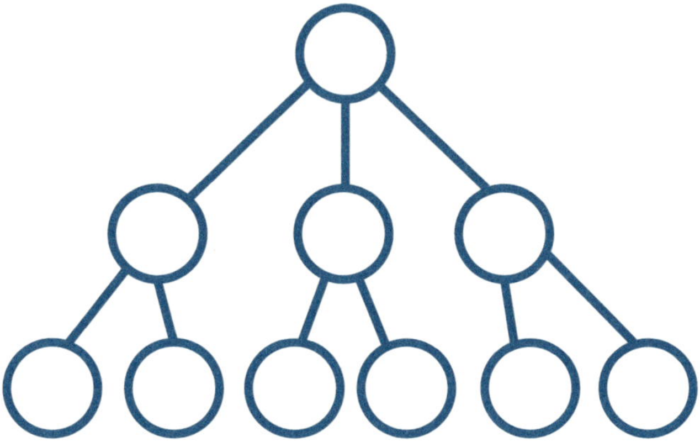

Redestruktur und Schreibstruktur, beide nutzen die Gesetze der Logik. In der Logik unterscheidet man deduktive und induktive Beweisverfahren, beide gewinnen Aussagen aus Vorhandenem. In der Deduktion werden aus mehreren schon bewiesenen Aussagen weitere gewonnen.

Wer deduktiv gewonnene Aussagen hat, die logisch kritikfest sind, kann „Top-Down“ vorgehen, von oben, vom Kern her: Die Regel heißt: erst die Aussage machen, und dann erst die Details. Wir sollen nach Indien expandieren. Indien hat gut ausgebildete Arbeitskräfte. Und: Indien hat höheres Wachstum.

In der Deduktiv-Pyramide gilt es niemanden bei seinen Erfahrungen abzuholen. Die Aussage wird genannt und sodann in ihre Einzelteile zerlegt. Vom Gesetz zu den Gesetzen, aus denen es hergestellt wurde.

In induktiven Pyramiden reden und schreiben wir, wenn wir das Ergebnis vor den Prozess stellen.

BEISPIEL

Urteilstil bei Gericht:

Der Angeklagte wird freigesprochen.
Er war an dem Tag der Tat nicht am Ort.

42 DER MÄNNLICHE UMGEKEHRTE TRICHTER

Wie wir denken und wie wir kommunizieren, ist Ergebnis unserer Erziehung. Welche Muster und Strukturen wir dabei benutzen, hängt vom Geschlecht ab: Männer und Frauen benutzen offenbar verschiedene Strukturen beim Reden und Schreiben.

Das Wesen männlicher Kommunikation ist behaupten und begründen – in dieser Reihenfolge. Apodiktisches frühes Proklamieren. Männliche Kommunikation scheint das Paradefeld des umgekehrten Trichters zu sein. Vom Eigenen zu den Details, der typisch männliche umgekehrte Trichter. Ein deduktives Prinzip, das aus gegebenen Wahrheiten neue herstellt. Die eigenen vor den anderen.

In den 1970er-Jahren wurden an der Universität Halle-Wittenberg Studien zur Sprechwirkung durchgeführt – mit der Frage: Wie argumentieren Männer und Frauen? Die Ergebnisse waren kaum anders als zu erwarten: Männer und naturwissenschaftlich Erzogene sprechen eher auf deduktive Beweisführung an, das Top-Down-Prinzip scheint eher männlich zu sein.

BEISPIEL

So geht das nicht weiter.
Das hält ja keiner aus.
Erst warten wir ewig drauf.
Dann fehlt auch noch was.
Außerdem könnte ich hier
viel aufzählen.
Das fängt mit der Art und
Weise an …

43 DIE STRATEGIEBERATER PYRAMIDE

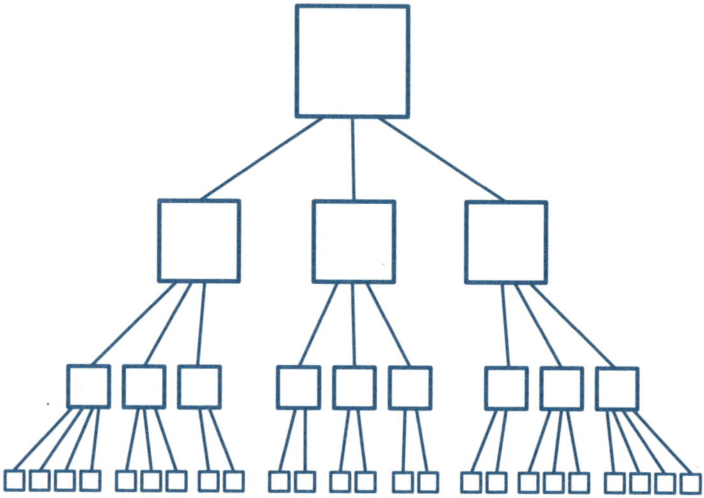

Wir haben mehrere Jahrzehnte umgekehrter Trichter vor uns. Barbara Minto's Buch „The Pyramid Principle" von 1985 zum Beispiel ist das leitende Template für die Erstellung aller Sach-Präsentationen und Slides, für Rapporte und Briefe, Doktor- und Magisterarbeiten, Flugblätter, Berichte, Darstellungen aller Sachverhalte dieser Welt, vor allem aller Informations-Präsentationen. Die Executive Summary ist die erste Chart-Tafel, in der komprimiert der Kern mitgeteilt wird.

Die Berichtskultur ist pure Information. Es wird das Wesentliche mitgeteilt und sodann werden die Aspekte erläutert; Argumente werden erst später genannt. Aufgebaut ist die Berater-Pyramide nach ihrem Zweck informieren: vom Kern zu den Details.

Das Pyramiden-Prinzip kommt aus der militärischen Nachrichtenübermittlung. Das Wichtigste musste sofort gesagt sein, bevor die Leitung zusammenbricht: „Angriff 5 Uhr! Kompanie mit Ausrüstung am Tor antreten“.

Solche umgekehrten Trichter beeinflussen weder Meinung noch bauen sie auf Überzeugung. Hier ist Zustimmung nicht gefragt. Das Prinzip dahinter ist Logik und Vollständigkeit.

LITERATUR

Die Berater-Bibel:
Barbara Minto
The Pyramid Principle
1985

44 DIE PYRAMIDE DER NACHRICHTEN-JOURNALISTEN

Journalistisches Informieren beginnt mit dem Kern, sodann Einzelheiten und Hintergründe, evtl. Folgen, evtl. Historie. Climax first! Leser oder Hörer erfahren sofort, was neu ist. Und wenn die Neuigkeiten in Pyramiden angeordnet sind, kann man vom Ende her streichen.

Das Prinzip dahinter heißt Neuigkeit.

Die umgekehrte Pyramide ist hoch effizient für hard news. In der Journalistik wird diese Aufbauform gepflegt und verteidigt, weil es die Wirkung auf den Hörer oder Leser aus der Sache heraus hält.

Umgekehrte Trichter sind in Zeitungsmeldungen sinnvoll, und in web-Nachrichten, die müssen und sollten nicht abgeholt, hergeleitet und wirksam dargeboten werden; der Anschluss fehlt.

Der aufgestellte Trichter der Nachrichtenjournalisten will nicht überzeugen; Neuigkeit ist keine rhetorische Kategorie. Die rhetorische Wirkungsabsicht fehlt in Nachrichten. Außer gelegentlich auf twitter. Und in Gabor Steingarts „Morning Briefing", der schreibt in Trichtern.

BEISPIEL

In München gab ein Erdbeben. Es hatte nach Behördenangaben Stärke 7,5 auf der Richter-Skala. Mehrere Straßenzüge im Stadtteil Schwabing sind teilweise zerstört. Meldungen über Opfer gibt es noch nicht. Das letzte Erdbeben dieser Stärke gab es in München 1811. Es forderte über zweitausend Opfer. In Mitteleuropa sind Erdbeben selten …

45 DER ELEVATOR PITCH

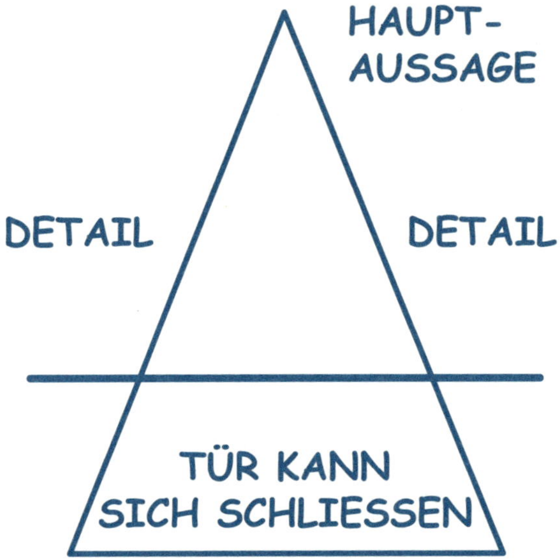

Wenn eine Fahrstuhltür aufgeht und jemand fragt: wie läufts? sagen wir das Wichtigste zuerst: Es läuft gut! Oder es läuft gerade nicht so gut! Danach die Details.

Diese kleinen Fahrstuhlreden, wenn der Chef hereinkommt, oder wenn Investoren zu überzeugen sind, sind umgekehrte Trichter. Der erste Satz ist entscheidend. Danach sprechen wir Einzelaspekte aus, die im Verlauf an Relevanz verlieren; der Fahrstuhl kann sich jeden Moment wieder schließen. Das ist perfekt, wenn die Nachricht dringlich ist oder Ungeduld herrscht, und wenn Zustimmung nicht nötig ist. Informierend: ja – überzeugend: bedingt.

Eine Art Elevator Pitches sind auch alle Kurznachrichten. Schnelles Verstehen und sofortige Aufmerksamkeit sind ihre Ziele. Eventuelle Begründungen kommen später oder gar nicht. Das Prinzip hinter dem umgekehrten Trichter der Elevators heißt Information, die durch unerwartete Endlichkeit gefährdet ist. Der Elevator-Pitch läßt keine Zeit für Abholung und Herleiten.

BEISPIEL

Der Schauspieler Götz Otto bewarb sich 1997 für die Rolle des Bösewichts im James Bond Film „Der Morgen stirbt nie“. Die schwer beschäftigte Produzentin gab ihm 20 Sekunden Zeit, um zu erklären, warum er der richtige sei. „Ich bin groß, ich bin kahlköpfig, ich bin böse, ich bin deutsch. Das waren 5 Sekunden, behalten Sie den Rest.“ Er bekam die Rolle.

46 DIE WIKIPEDIA BAUFORM

Alle besonders schriftlichen Informationen wurden Immer schon in aufgestellten Trichtern verfasst. Wissen verlangt nach Komprimierung zu Beginn. Darunter folgt unendliches Wissen. Der Lexikon-Artikel ist der Prototyp der Pyramide:

Der Kernsatz aus dem Beginn des Lexikon-Artikels wäre der Zielsatz, wäre die Pyramide herum gedreht. Der Trichter allerdings wäre nur dann geeignet, wollten wir davon überzeugen, in Frankfurt zu wohnen.
Deshalb verwendet das Lexikon immer Pyramiden.

BEISPIEL

… Frankfurt am Main ist mit gut 730 000 Einwohnern die größte Stadt Hessens und die fünftgrößte Stadt Deutschlands. Die kreisfreie Stadt ist Zentrum des Ballungsraums Frankfurt am Main mit etwa 2,3 Mio Einwohnern. Seit dem Mittelalter gehört Frankfurt am Main zu den bedeutenden städtischen Zentren Deutschlands. … Heute ist Frankfurt am Main ein wichtiger internationaler Finanzplatz und bedeutendes Industrie-, Dienstleistungs- und Messezentrum …

47 DAS PYRAMIDEN-CHART

Noch einmal zu den beiden Modi des Präsentierens auf S. 72: Jemand redet zu vorbereiteter Visualisierung, Charts oder Tafeln jeder Art. Diese slides werden gelesen, abgenommen und archiviert.

Die Struktur folgt der Funktion. Die meisten Charts der Welt dienen der Information und Dokumentation, sie sollen vollständig sein. Und Selbsterklärend, das ist das Nirwana der Tafelkreationskunst. Deshalb dürfen Sie gut gefüllt sein.

Will man doch Wirkung, dann kommen mehr oder weniger alberne Garnierungen dazu: Bilder – oft Bayern München, häufig Segelboote, Stricke, an den Teams gemeinsam ziehen – oft gleich mehrere in einer Präsentation. Solche pre-reads oder Handouts brauchen keine Menschen.

Vor allem sind die aufgebaut wie Pyramiden. Oben im action title die Behauptung, darunter die Beweise und Erläuterungen. Logik wird mit Pfeilen suggeriert. Solche Charts sind oben spitz, unten stumpf.

REGEL

PYRAMIDEN – NIEMALS ZUM ÜBERZEUGEN!

48 QUANTITATIVE VERSUS KONZEPTIONELLE CHARTS

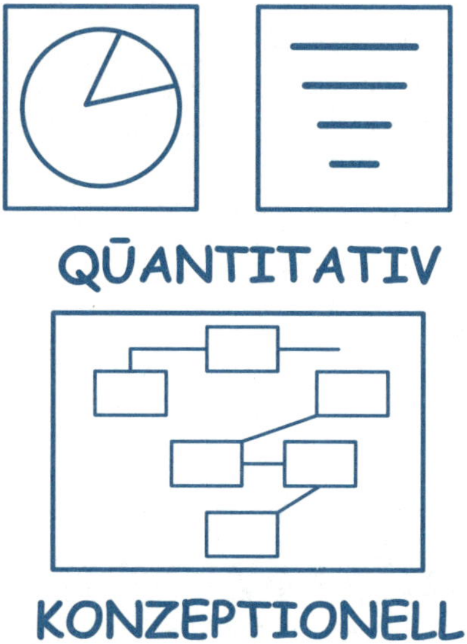

Slides zeigen zweierlei, sie können Quantität visualisieren – oder sie zeigen strukturelle Zusammenhänge.

Balken, Säulen, Linien, Kuchen – quantitative Charts verlangen keinen rhetorischen Aufbau. Der Inhalt diktiert die Bauform. Sie lassen sich pyramidal aufbauen, mit einem Action Title versehen. Oder sie können mit einer Spitze versehen werden, die sagt, warum, oder aus größerer Flughöhe mit einem Rahmen davor.

Konzeptionelle Charts dagegen sind ebenfalls meist Pyramiden – so weit sie Handout, Dokumentation oder Pre-read sind. Konzeptionelles will aber oft zur Veränderung aufrufen; das geht über Information hinaus. Besonders überzeugende Konzeptionen bietet sich deshalb die Trichterform an. Mit der Takeaway Botschaft unten.

BEISPIEL

Quantitativ

Vor Umstrukturierung:
43 Prozent Kosten.

Nach Umstrukturierung:
28 Prozent Kosten.

Richtige Richtung!

Konzeptionell

Holding-Vorstand

Einzelgesellschaften

Diverse Profit-Center

49 REDE TRICHTER - PYRAMIDEN CHARTS

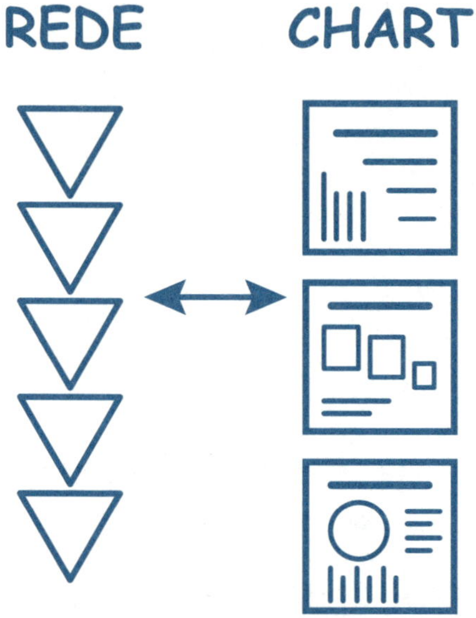

Zur Dokumentation werden meist pre-reads oder Handouts verwendet. Damit gibt man Menschen eine Eisenkugel ans Bein; so lässt sich kaum Flughöhe erreichen. Solche Charts sind oben spitz und unten stumpf – überzeugende Rede aber ist oben breit und unten spitz.

Kämpfe der einen gegen die andere Struktur sind deshalb alltäglich. Eine Seite muss nachgeben. Entweder der Mensch beginnt ebenfalls in

Pyramiden zu reden, das Wichtigste zuerst. So wird die Rede zur Pyramide, mit dem Wechsel ins oft eher wirkungslose Informieren.

Oder die pyramidalen Charts werden zu Trichtern gedreht; das Chart wird auf den Zielsatz hin angeordnet – ohne den Action Titel, der den Zielsatz vorwegnimmt.

Wir kennen alle den Satz: „Ich erzähl doch nicht, was auf dem Chart steht". Dann entsteht die Text-Bild Schere, der Tod für jede Text-Bild-Vermittlung.

BEISPIEL

Chart (von oben)

Action title
Diagramm
5 Chancen
4 Risiken
Legende

Rede-Schritte (vom Anfang)

Zugang
Flughöhe
Substanz
Zielsatz

50 EXPERTEN-ODER EXECUTIVE MODUS

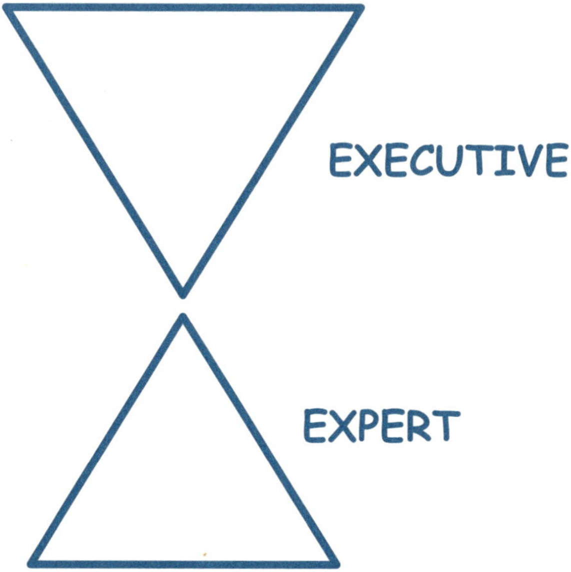

Hinter Rede-, Antwort-, oder Textstrukturen steht oft die Frage: In welchem Modus ist die Person, die mit diesen Bauformen hantiert? Im dem einen Modus wird informiert, erklärt und manchmal gerechtfertigt, aufgezählt und dokumentiert, vollständig, widerspruchsfrei und sachlich. Was ist? Das ist der Experten-Modus.

In dem anderen Modus zielen Menschen auf Wirkung: interessant, vereinfacht, abgeholt und auf den Punkt hingeführt: Was kommt raus? Das ist der Wirkungs-Modus oder „Executive Modus“.

Die beiden Modi haben Konsequenzen in der persönlichen Kommunikation. Der eine ist oft unwirksam oder gar unkommunikativ, pur-authentisch mit allen Gefahren. Der andere fragt nach Rolle; attraktiv, oft professionell inszeniert, manchmal mitreißend und meist wertschaffend.

In ein Bild gebracht: Experten beantworten Fragen, Executives sprechen zu Themen. Der Modus definiert die Struktur: Die einen nutzen meist Pyramiden, die anderen besser Trichter.

BEISPIEL

Expertenantwort

Es ist schwierig, auf diese Frage zu Antworten. Zu viele Aspekte Ich fange mal damit an. Ein Prozess ist kompliziert. Da gibt es viele Faktoren … verheddert sich

Executive Antwort

Völlig richtig! Sie wollen ja, dass es auch klappt. Deshalb starten wir mit genau diesem Punkt. Und Sie haben es gesagt: Das Wichtigste ist das Ergebnis.

QUELLEN

Alle Grafiken sind original für dieses Buch skizziert worden – oder abgewandelt aus „Das Zielsatz Prinzip", außer:

Ruch/Zimbardo – 16
Duncan – 17
Rustler – 18 + 19
Krogerus/Käppeler – 21
Geissner – 37
Minto – 44
Zelazny – 29 + 48

aus S. Wachtel „Executive Modus" – 50

LITERATUR

René Borbonus: Klarheit, Düsseldorf 2015.
Rene Borbonus und Stefan Wachtel: Schreiben fürs Hören, Frankfurt am Main 2022.
Kevin Duncan: The Diagrams Book, London, 5. Aufl. 2018.
Hellmut Geißner: Rhetorik, München 1973.
Wolfgang Hackenberg, Carsten Leminsky: Key Message. Delivered: Business-Präsentationen mit Struktur, Freiburg 2017.
Johannes Kochs: Pyramidales Strukturieren und Visualisieren, Weinheim und Basel 2018.
Mikael Krogerus und Roman Tschäppeler: Das Kommunikationsbuch, Zürich 2017.
Barbara Minto: Das Prinzip der Pyramide, München 2005.
Floyd L. Ruch, Philip G. Zimbardo u. a.: Lehrbuch der Psychologie. Eine Einführung für Studenten der Psychologie, Medizin und Pädagogik, Berlin 1974.
Florian Rustler: Denkwerkzeuge, St. Gallen und Zürich, 3. Aufl. 2016.
Stefan Wachtel: Das Zielsatz Prinzip. Wie Pointierung unsere Wirkung erhöht, Frankfurt am Main, 2, überarb. Aufl. 2021.
Stefan Wachtel: Reversed Pyramid. The Funnel Principle in Speech Answer and Text, Monee, Illinois 2021.
Gene Zelazny: Say it with Charts, New York, 4. Aufl. 2001.

ÜBER DEN AUTOR

Dr. Stefan Wachtel ist einer der „Leading Coaches of the World“®. Executive Coach internationaler Spitzenmanager, unter anderem für Konzernvorstände von bislang 15 DAX-30-Unternehmen. Coaching Partner einer globalen Strategieberatung. Früher Moderatorencoachings bei ARD/ZDF und Ansagen-Training für Lufthansa Piloten. Laudator des Preises „Der beste Managerauftritt“ und Host der „Funnel Conference“ in Cannes. Zu diesem Buch und zum „Zielsatz-Prinzip“ gibt es einen TED Talk: „Disrupting Conventional Speech“.

Coachings, Group Briefings, Key Notes:
office@leading-coaches-of-the-world.com
Kritik persönlich an sw@Stefan.Wachtel.de

Andere Bücher des Autors

Das Zielsatz Prinzip
Executive Modus
Die Kunst des Authentischen
Schreiben fürs Hören
Überzeugen vor Mikrofon und Kamera
Die dritte Mündlichkeit (in Vorbereitung)

Die Kunst des Authentischen

Stefan Wachtel
Die Kunst des Authentischen. 67 Wege in den richtigen Film,
188 Seiten, 2018
11,80 €
ISBN: 978-3-00-058798-6

Wir wollen authentisch sein, das ist fein. Und, jetzt kommt es: Wir wollen authentisch scheinen. Wenn wir so richtig ehrlich sind, werden wir sagen: Das ist uns eigentlich noch wichtiger. Das Buch ist die Anleitung dazu. Es entwickelt die Strategie, sich selbst und Ihre Arbeit an sich in ein gutes Verhältnis zu setzen.

- »Wachtel plädiert für eine weibliche Rhetorik: zugewandt, farbig und weniger rechthaberisch.«
  Handelsblatt

- »Das Buch ist ein stilistisches Meisterwerk.«
  Hamburger Abendblatt

Portofrei gegen Rechnung: info@executive-modus.de

»Es gibt nicht viele, die Spitzenmanager so effizient in ihrer Wirkung nach vorn bringen wie Stefan Wachtel.«

WELT/Bilanz

Ein erprobtes System für Überzeugung nach innen und professionellen Auftritt nach außen.

Stefan Wachtel
Executive Modus.
12 Taktiken für mehr Führungswirkung,
232 Seiten, 2022
19,80 €
ISBN: 978-3-000-14346-5